东方教育文库
系列教育丛书

WENNUAN DE JIAOXUE
YUEDONG DE KETANG

李军 主编

温暖的教学
悦动的课堂

上海社会科学院出版社
SHANGHAI ACADEMY OF SOCIAL SCIENCES PRESS

图书在版编目(CIP)数据

温暖的教学　悦动的课堂 / 李军主编 .—上海：上海社会科学院出版社，2023
　ISBN 978-7-5520-4156-9

Ⅰ. ①温… Ⅱ. ①李… Ⅲ. ①教学工作—文集 Ⅳ. ①G424-53

中国国家版本馆 CIP 数据核字(2023)第 130186 号

温暖的教学　悦动的课堂

| 主　　编：李　军 |
| 责任编辑：路　晓 |
| 封面设计：杜静静 |
| 出版发行：上海社会科学院出版社 |
| 　　　　　上海顺昌路 622 号　邮编 200025 |
| 　　　　　电话总机 021－63315947　销售热线 021－53063735 |
| 　　　　　http://www.sassp.cn　E-mail: sassp@sassp.cn |
| 照　　排：上海碧悦制版有限公司 |
| 印　　刷：上海龙腾印务有限公司 |
| 开　　本：710 毫米×1010 毫米　1/16 |
| 印　　张：14.75 |
| 字　　数：193 千 |
| 版　　次：2023 年 8 月第 1 版　　2023 年 8 月第 1 次印刷 |

ISBN 978-7-5520-4156-9/G·1264　　　　　　　　　　定价:75.00 元

版权所有　翻印必究

"东方教育文库"系列教育丛书编审委员会

主　任　高国忠

编　委　(按姓氏笔画为序)

丁黎忠　卜文雄　毛力熊　方志明　双慧红

朱　伟　朱　慧　刘玉华　汤　韬　李百艳

李　军　李春兰　吴　瑶　忻　卫　张　伟

陆源丰　陈菊英　陈　斌　陈　强　赵春芳

赵国雯　徐宏亮　曾佳颖　廖静瑜

本书编委会

主 编 李 军

编 委 （按姓氏笔画为序）

王丽琴 戈玉洁 吕 萍 杨海燕 吴诗沁

张 娜 郑新华 俞莉丹 徐婵娟 殷 凤

唐林倚 曹 鑫 傅敏敏

"东方教育文库"出版前言

"东方教育文库"是浦东新区为出版高质量的教育研究成果而设立的一个项目。通过"东方教育文库"的编辑出版,形成有品位的、能多方面反映浦东教育改革与发展面貌和教育研究成果的系列教育丛书。

"十四五"时期,是浦东落实《中共中央 国务院关于支持浦东新区高水平改革开放打造社会主义现代化建设引领区的意见》、实现新时代浦东教育高质量发展的重要时期。《浦东新区教育发展"十四五"规划》指出,要着力打造"五育并举、公平优质、开放融合、活力创新"新时代高品质浦东教育。在各级政府的坚强领导下,浦东教育已经取得了快速发展,不仅规模逐年持续扩大,而且内涵日益丰富,出现了多样化、特色化发展的趋势,在教育改革与发展过程中出现了许多新的业绩和成果。许多学校校长用先进的办学理念进行教学改革,探索新颖的办学之路,积极探索,大胆实践,在提升教育质量、建设师资队伍、建设校园文化、创建学校教育特色等方面取得显著的成效,获得丰硕的改革成果,并积累了丰富的办学经验。浦东新区作为上海市教育综合改革示范区和国家级信息化教学实验区的叠加效应正在形成。

同时,在学校的改革发展过程中,我们看到有许多教师怀着满腔的热情,投身于教育教学的探索中,在专业发展的道路上孜孜不倦地追求,探索教育规律,研究课堂、研究学生、研究教材,努力寻找解决问题的策略和方法,探索有效的教学方法,形成鲜明的教学特色,积累了丰富的教学经验,这些成功的经验具有实践意义和推广价值。

总结和推广学校成功的办学经验和教师的教学经验,对推进教育的改革和发展、提升区域教育的整体水平无疑有积极的作用。出版"东方教育文库",就是为了更好地宣传当前基础教育改革发展的业绩,彰显优秀学校的办学特色,总结优秀教师的教育教学经验,使更多有办学特色的学校和校长,有教学特色的教师进入公众视野,发挥优秀成果的影响力和辐射示范作用。

"东方教育文库"的推出,有利于树立学校和教师的研究典范,为广大教师提供丰富的教育信息和研究资源,为学校和教师搭建一个交流和分享成果的平台,有利于引领广大学校和教师走向规范化、精致化的科研之路,促进群众性科研的持续性发展。同时,通过出版"东方教育文库",扩大一批优秀学校和品牌教师的社会影响力。

"东方教育文库"系列教育丛书收入的著作内容广泛,涉及教育教学多个领域,既有对教育综合改革示范区、国家级信息化教学实验区建设等重大问题、前沿探索的追踪,又有对立德树人、课程建设、学科教学、数字化转型、班主任工作、学校管理等改革焦点、实践难点的探讨;既有反映教育教学改革实践的优秀科研成果,又有反映校长办学经验和教师课改智慧的典型案例。

由于我们的认识水平有限,加上时间仓促,所以在"东方教育文库"的撰写中难免会出现一些不足之处,恳请广大教育同仁批评指正。

编　者

2023 年 6 月

目 录

第一编 设计创新,转变儿童的学习方式 /1

1. 点燃跨学科的"温情",让每个生命灵动成长
   俞莉丹　上海市浦东教育发展研究院 /3
2. 落实"双新"理念,优化线上契约教学
   龙美君　上海市杨思高级中学 /14
3. 这片子,暖心又好看
   王砚晟　上海市吴迅中学 /28
4. "借"新闻热度,"暖"作业温度
   汪必霞　上海科技大学附属学校 /37
5. 看见人·看见光
   ——"云阅读"勾画行走地图
   夏莹玉　上海市浦东新区泥城小学 /45
6. 用温暖的心共助幼儿成长
   ——在"改造图书角"中支持与引导幼儿问题解决
   沈　蓉　上海市浦东新区园西幼儿园 /56
7. 双向奔赴的温暖
   ——儿童视角下主题墙环境创设的实践与思考
   沈艳薇　上海市浦东新区康桥第三幼儿园 /66

第二编 课堂悦动,凸显育人的情感向度 /79

8. 当我在教物理时,我在教什么?
　　——"情感教育"在高中物理教学中的实现
　　宋丽颖　上海市浦东复旦附中分校 /81

9. 反馈实践融教学　柳暗花明话温暖
　　丁丹丹　上海市南汇第三中学 /91

10. 和孩子共同打造温暖的数学课堂
　　康逸芸　上海市浦东新区福山证大外国语小学 /107

11. 假如"兴观群怨"在当代课堂
　　潘志燕　上海市浦东新区曹路打一小学 /116

12. 容错扬长有宽度,以人为本有温度
　　徐少银　上海市民办中芯学校 /125

13. 教育是基于可能性的规划
　　——记一次大班园内春游
　　徐　婧　上海市浦东新区东方江韵幼儿园 /137

14. 践行传统风尚,相约美好"食光"
　　——幼儿"光盘行动"的实践研究
　　陆晓蕾　上海市浦东新区华高幼儿园 /146

第三编　师者暖心,彰明教育的人文关怀 /155

15. "疫""网"情深　温暖师生

　　于　静　上海市上南中学南校 /157

16. "永远"排不齐的桌椅

　　潘　琳　上海市浦东新区昌邑小学 /165

17. 只记一个人的秒表

　　——改变评价方式,打造温暖教育

　　倪天明　上海市浦东新区世博家园实验小学 /173

18. 小蜗牛成长记

　　戴蓉蓉　上海市浦东新区实验小学 /179

19. 读一封温暖的信,让儿童的学习自然发生

　　马　飞　上海市浦东新区冰厂田幼儿园 /186

20. 了解、理解,成就"不一样"的他

　　——对"高需求"幼儿情绪教育的尝试与探索

　　王旭晶　上海市浦东新区下沙幼儿园 /196

21. 温暖"云"守护,孕育"暖"儿童

　　张盛燕　上海市浦东新区御青幼儿园 /204

22. 以温暖之心,促儿童成长

　　周志婷　上海市浦东新区东方锦绣幼儿园 /215

第一编 PART 1

设计创新,
转变儿童的学习方式

1. 点燃跨学科的"温情"，让每个生命灵动成长

上海市浦东教育发展研究院　俞莉丹

学生是完整的个体，是具有积极性、主动性、创造性和可塑性的生命，充满着新奇的想法和创意，充满着主动探索的精神。每个生命的成长都应该是灵动的，每门学科学习都应帮助学生焕发更强的生命力、传递教育的温暖。生物学是一门探索生命的科学，是用生命关怀生命的学科。但实际中，我们发现分科教学模式下的生物学课堂中存在学生主动参与不足，问题解决能力不强，思维僵化、活力不足，成长单一、创新无力等问题。

何以解忧？也许要用智慧之眼看到教师之"困"、学生之"需"。基于新课改理念，设计跨学科主题，点燃跨学科的"温情"，把学生放到真实世界中，引导学生主动建立不同学科之间的联系，在整合多学科知识、主动探索解决问题的过程中感受到跨学科的"温情"，焕发生命力。这种"温情"不同于传统德育带给学生的"关爱之暖"，它是在突破传统分科学习冰冷的知识壁垒后，所带来的知识学习、兴趣激发、情感体验、问题解决、创造涌动、素养提升融为一体的"灵动之暖"，如涓涓细流，支撑起学生多元、主动、自由成长，彰显学科育人价值。

一、"灵动之暖"：单学科到跨学科的"温情"

(一)单学科："壁垒之困"

传统的生物学教学中，教师往往注重生物学知识点的学习而忽视生物与其他学科之间的关联，注重传授式教学而较少赋予学生实践探索的机会，

注重书本教材的学习而忽视了学生真实世界的问题解决。长此以往,学生学习兴趣得不到充分激发,思维方式变得狭隘,综合分析能力弱,"虚假学习""浅表学习"等现象频现,学生的成长变得"模式化",失去了应有的灵动。当其置身复杂的社会情境中时,难以综合多学科解决问题,难以运用多学科知识综合分析各种生活现象。比如,在对比分析不同地区生物的结构与功能差异时,学生习惯于在生物学科中寻找"答案",殊不知生物结构和功能的差异与地理分布是密切相关的,缺乏地理知识的综合运用,学生的理解将是片面的、孤立的。面对这样的课堂学习,教师无奈,学生无力。

究其原因,根源在于学生和教师都长期习惯于分科学习模式,"自然"地在生物学与其他学科之间形成了一层"壁垒",忽视了学习与真实生活的联系,忽视了学生之间的差异。这一"壁垒",困住了学生主动探索自然的天性、困住了基于真实问题的知识建构、困住了学生串联知识综合解决问题的能力、困住了学生的多元智能发展,师生都在这样死气沉沉、毫无活力的教与学中迷失了方向。

(二)跨学科:"灵动之暖"

"从单学科"到"跨学科"的尝试,是一个巨大的转变,意味着教师自我教育观念的革新和积极主动应对的态度,意味着从关注学业成长到关注生命成长,这样的学习也将具有跨学科的"温情"——"灵动"之暖。国外学者如美国国家科学院促进跨学科研究委员会认为,跨学科学习是学习者整合两个及更多学科或专业知识体系,以实现单一学科内容不能达到的目的,如解决问题、解释现象或制作产品。[①] 国内有学者认为跨学科主题学习是基于学生的发展需求,围绕某一研究主题,以本学科课程内容为主干,运用并整

---

① MANSILLA VB. Learning to synthesize: the development of interdisciplinary understanding [M]. Oxford: Oxford University Press, 2010.

合其他学科的知识与方法,开展综合学习的一种方式。① 跨学科学习是应对21世纪发展的有效学习方式,且跨学科学习的开展有助于弥补传统分科教育无法实现的教学,进而促进学生的发展。②

《义务教育生物学课程标准(2022年版)》指出,要优化课程内容结构,设立跨学科主题学习活动,加强学科间相互关联,带动课程综合化实施,并使学生"初步具有科学探究和跨学科实践能力,能够分析解决真实情境中的生物学问题"。③ 开展生物学跨学科主题学习,还原复杂的真实情境,能够打破分科学习的"壁垒"之困,学生不再局限于使用生物学知识,有了"自由发挥"的余地,学习本该有的人情味得以释放,这样的学习不仅有温度,而且有温情。这种温情不同于传统德育强调的"关爱之暖",而是跨学科主题学习中赋予学生的"灵动之暖",这样的学习把学生真正放在了生活的真实世界里,关注到学生的差异,也必定会伴随着知识的学习、兴趣的激发、情感的体验、创造的涌动及素养的提升,这样的成长也必定是灵动的。

二、点燃有法:跨学科主题设计的范式

如何突破单学科"壁垒",点燃跨学科的"温情",开展跨学科主题学习,传递温情彰显价值,促进学生灵动成长?教无定法,教亦有法,以激发兴趣、关照学生差异、激发社会责任的逻辑,遵循一定的范式,结合具体的生物学内容自主创新,设计跨学科主题,将调动学生内心深处对生命自由成长的渴

---

① 孟璨.跨学科主题学习的何为与可为[J].基础教育课程,2022(11):4-9.
② 董艳,孙巍,徐唱.信息技术融合下的跨学科学习研究[J].电化教育研究,2019(11):70-77.
③ 中华人民共和国教育部.义务教育生物学课程标准(2022年版)[M]北京:北京师范大学出版社,2022:6.

求,点燃跨学科的"温情"。

(一)任务统整法　葆有持久兴趣

杜威提出,兴趣就是"生长中的能力的信号和象征",是个体"心灵不断向新的经验的敞开"①,对新知识的兴趣是心智和思想发展的必要前提,而发掘学习内容本身与学生生命的意义关系,正是兴趣的本质和维持兴趣的关键。②因此,在生物学跨学科主题设计中,找到学生真实的生长需要,激发学生持久的兴趣是点燃跨学科的"温情"的关键。可以通过任务统整法,即在生物学教学中,以学生的兴趣为出发点,设计需要学生运用不同学科知识才能完成的总任务,并紧扣这个总任务设计出环环相扣的具体任务,形成跨学科主题。

实践过程中,首先,要找准学生的生物学学习兴趣点;其次,结合学生的真实生活情境,设计适合初中生年龄特点的总任务;再次,根据学生的兴趣,在总任务的统整下,设计真实可行的具体任务,并引导学生运用不同学科完成具体任务。通过任务建立学生与所学知识的联系,将生物学知识与学生个体生命进行联结,转换为学生可感知、可体会、可获取的支持他们生命成长的"养料"。

例如:八年级学生对植物种植兴趣高涨,结合学校菜园建设的过程,设计"学校菜园设计"跨学科主题(见表1)。以"创建一个学校菜园"为总任务,依据实践逻辑拆解为8个具体任务:菜园的基本特征分析、学校菜园选址、种植蔬菜选择、菜园设计图、种子购买方案设计、蔬菜种植指南编写、蔬

---

① [美]约翰·杜威.杜威教育论著选[M].赵祥麟,王承绪,译.上海:华东师范大学出版社,1981:130,10,8.4.
② 樊杰,兰亚果.杜威基于关系与生长视角的兴趣与教育理论[J].全球教育展望,2018,47(5).

菜观察日记、蔬菜美食制作。通过这些具体任务的实践,将生物学与数学、美术、地理、语文等学科进行有效融合,加深学生对生物学知识的理解和掌握的同时,促进生生互助、师生互助,找到知识与生活的联结点,激发学生对生活的热爱。

表1 "学校菜园设计"跨学科主题设计

总任务	具体任务	问题	整合学科
创建一个学校菜园	菜园的基本特征分析	你印象中的菜园是怎样的?	语文
	学校菜园选址	校园内哪些地方适合创建菜园?	地理
	种植蔬菜选择	哪些蔬菜适合种植在学校菜园内?	地理
	菜园设计图	蔬菜园测绘设计时要考虑哪些因素?	美术、数学
	种子购买方案设计	如何才能花费最少的钱买到需要的种子?	数学
	蔬菜种植指南编写	如何成功播种?	语文
	蔬菜观察日记	蔬菜"生病"了怎么办?	美术
	蔬菜美食制作	收获的蔬菜可以做成哪些美食?	劳动

"学校菜园设计"这个跨学科主题,聚焦学生的学习兴趣,与学生的真实生活情境相联系,以实践操作过程中逻辑关联的具体任务为主线,给予学生充分的自主成长的空间。在购种、播种之后,学生们每天一下课就冲到菜园里,蔬菜的茁壮成长吸引着他们,点燃了他们观察自然的热情。每次观察后学生们都会主动完成自然笔记,记录植物的生长情况和影响因素。收获时节的蔬菜"传送"和"美食"制作,更是让学生们感受到了分享的快乐和劳动的喜悦。在真实的菜园设计中充分运用不同学科知识解决实践过程中遇到的具体问题,建立起与学习内容的和谐关系,通过"菜园"的情境将学生引至对"生物学知识"内在价值的探索,在学习中体验到心智自由成长的美好。

(二)圆心辐射法　关照生命差异

兴趣的激发,将赋予学生源源不断的探索动力。但每个"生命"都是独特的,每个生命的兴趣特长都应予以放大。基于此,跨学科主题不能满足于一个维度的深耕细作,要关照到每个生命的兴趣差异,设计多元化的子主题。因为主题越适切,就越能进入学生的"生命",彰显跨学科的"温情"。圆心辐射法即以某一生物专题内容为圆心,通过整合不同学科,向外辐射出若干个跨学科主题,满足学生的差异化需求。

在实践过程中,教师可以结合学校教育教学资源和生物学学科教师特长确定专题,进而明确子学习主题,细化为课时教学内容。其中,专题内容的选择至关重要,可以以植物专题视角进行设计,从宏观的植物界或者从某一特定植物出发,结合学校的特色,进行圆心辐射设计;也可以从动物和微生物的视角进行设计。通过基于一个专题和不同学科的整合,引导学生以不同学科的眼光审视和理解生命现象及规律,以丰富而美好的主题内容引领学生真实而多元的成长。

例如:以"蝴蝶"为圆心,整合科学学科,鼓励学生从不同学科角度去思考问题,开展蝴蝶考察、蝴蝶饲养、蝴蝶小课题和蝴蝶夏令营等蝴蝶探究学习,增进对"生命"的热爱和尊重;整合劳技学科,开展蝴蝶标本、蝴蝶剪纸、蝴蝶祝福卡、蝴蝶中国结等蝴蝶工艺学习,感受生物学与劳技碰撞的"美感";整合地理学科,开展蝴蝶习性、蝴蝶分布、蝴蝶趣闻、蝴蝶种类与分布等蝴蝶认知学习,理解大自然的规律;整合语文学科开展蝴蝶日记、古诗中的蝴蝶和蝴蝶诗词创作等蝴蝶文学学习,体悟文理交融之美;整合美术学科,开展蝴蝶沙画、蝴蝶小报等蝴蝶美学学习,感受创作"美"的那份欣喜。

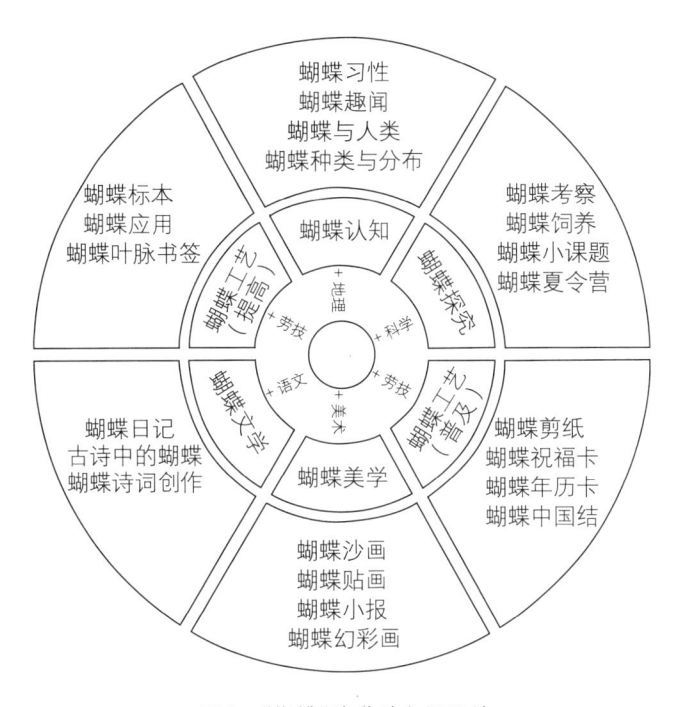

图1 "蝴蝶"跨学科主题设计

大自然本身就是一种综合事物的体现,探索其中的奥妙也就须综合运用多学科知识,"蝴蝶"跨学科主题学习通过多元整合,将学生的经验与艺术文化、科技创造、野外考察、文学创作等联结起来,满足学生深度的生长需求,感受不同学科知识碰撞所带来的"惊喜"和"乐趣"。其多元化的创作题材,新颖的表现手法以及广阔的应用空间,得到学生的喜爱。通过跨学科的整合,"课堂"不再局限于教室,课堂空间、课堂内容得以向外延展,赋予了学生走出教室去大自然观察探索的创生机会,让"生命"回归自然,唤起学生内心最真实的对每一个生命的"敬畏"以及对大自然的热爱。

(三)问题链条法 激起社会责任

每个生命都是社会的一分子。我们倡导针对学生差异,通过丰富的学习主题促进学生多元成长,最终是为了培养适应未来社会,热爱并尊重自然,具有绿色生活方式和可持续发展理念及行动[1],有社会责任感、有生态环保意识的人。生物学学习中,有很多与当前社会生活、环境密切相关的问题值得学生以"主人翁"的心态去关心、去解决。教师要善于寻找不同学生生命内在相似的某一点经验,以这个点带动整个课堂,将学生们引入更广泛、深刻和有益的人类经验中[2],这样的跨学科是真实的、有温度的、灵动的。可以采取问题链条法,即基于需要解决的生物学真实问题,分解出若干个跨学科子问题,将子问题按照一定逻辑串联为问题链,以形成跨学科主题。这一方式借助开放性问题,激发学生应用、活用不同学科知识,理解生命的本质,体认新的经验。

在实践过程中,首先,要确立真实问题。问题确立的核心源于生活,可以由教师提出,也可以由学生提出,具有真实性、开放性、挑战性和契合性四个特点。其次,要对真实问题进行分解,化为若干个逻辑关联的子问题。再次,在问题解决的过程中,鼓励学生主动使用两门乃至两门以上学科知识,在体认的过程中与新学内容整合,使其成为自我生命的一部分。

例如:结合上海教育出版社出版的《生命科学初中第二册》第6章第1节"城市生态与城市环境保护"部分内容,与上海教育出版社出版的《地理七年级第二学期》第5章第1节"城市的环境问题及环境优化"部分内容,设计"循踪探秘清水滨"跨学科学习主题。可以根据学校所处位置,就近选择当地的湿地公园进行设计。本案例主要围绕上海世博后滩湿地公园(简称后滩公园)这一真实情境,围绕"后滩公园水环境如何实现更新换代"这一关键问题,设计问题链:为什么要开展环境保护—怎样开展水环境保护—水环境保护的效果如何—人类活动对水环境保护有哪些影响?引导学生循踪探秘清水滨江的后滩公园的净水原理,使学生综合运用多学科知识来开展真实

---

[1] 核心素养研究课题组.中国学生发展核心素养[J].中国教育学刊,2016(10):1-3.
[2] 樊杰,兰亚果.杜威基于关系与生长视角的兴趣与教育理论[J].全球教育展望,2018,47(05):47-55.

学习,以提高学生综合分析问题、解决问题的能力,更重要的是在问题解决中形成强烈的环保意识,激发社会责任(见图2)。

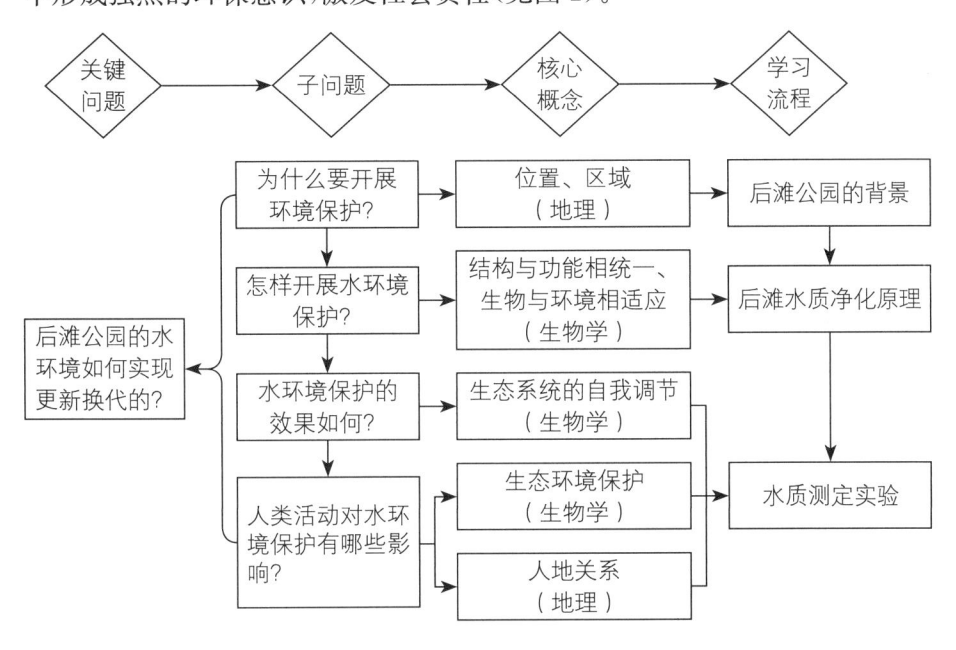

图 2 "循踪探秘清水滨"跨学科主题设计

学生之眼的"社会责任",可能是对某一个问题的具体解决方案,比如一些初中生开展有关自制水净化系统的发明创造,以自己的方式践行了环保的理念。在"循踪探秘清水滨"这个跨学科主题学习过程中,学生在真实的问题情境中,围绕学习目标,综合运用生物学、地理学科知识,对"水环境保护"这一社会问题进行分析、解决,认识到了不同学科知识在解决实际问题中的应用,在真实的世界中主动发展自我,提升了社会责任意识,涵养了家国情怀,深刻感受到学科知识之于社会的力量和温情。

三、前路有光:跨学科主题设计的展望

"生命"个体的多样性呼唤教学方法的创新以满足每个生命灵动成长的

需求,但"生命"的不可重复性又让我们看到了"育人"的使命。每一个跨学科主题的设计都值得细细打磨、酝酿、实践、修正……才能点燃跨学科的"温情",成为照亮每一个生命"自由""主动"而"多元"的成长的灯塔。

(一)不同学科的自然整合　回归自由成长

学生心智的自由成长,不能囿于单学科的束缚中。唯有打破这一壁垒,释放跨学科的"温情",才能给予学生"自由"成长的契机。生物学跨学科主题的设计,一方面,要注重不同学科之间的密切关联,不能为了跨学科而牵强整合,而是要在用生物学学科无法解决问题的过程中,自然而然地融入其他学科;另一方面,由于当前大多数教师都是接受单一学科培养的,可根据学校条件成立跨学科教研团队,通过教师主动学习其他学科知识、询问其他学科教师、与其他学科教师共同备课、共同授课等多种方式打破学科壁垒,在"有温度"的跨学科教研中找到不同学科"自然整合"的切入点。在不同学科自然整合的跨学科主题学习中,我们惊喜地发现学生在面对身边的实际问题时,会主动从多个角度去分析且创意十足。如,在"学校菜园设计"的过程中,当学生看到蔬菜生长不良时,会考虑种子质量、温度、空气湿度、土壤情况、肥料等多个因素。学生也会主动提出诸如设计实验来观察影响植物生长的实际因素等解决策略。

(二)真实世界的巧妙探寻　引领主动成长

生命的主动成长犹如嫩芽,要有破土而出的动力。可以通过创设与真实世界密切关联的问题情境,激发生长潜能,激发学生对新经验的趋向性,找到学习的真实目的。生物学跨学科主题的设计要注重学习过程中引导学生对真实世界生活现象的分析,关注学生是否主动运用跨学科分析和解决生活中的实际问题,体现跨学科学习所带来的持久的兴趣、求知欲和探索能力。如"循踪探秘清水滨"跨学科主题学习中,学生惊讶地发现,自己的老师对有些问题也是"不懂",看到老师和自己并肩作战、一起寻找解决问题的办法,学生感到他们真正"有用"了,能跟着老师一起解决大家都不知道的问题了。当他们觉得自己"被需要"时,内心对知识的渴求和解决问题的动力得以极大地激发。

(三)适切主题的多维探究　支撑多元成长

"生命"是多彩的,教育应支持每个生命焕发不同的色彩,实现"多元"成长。为了满足学生的不同兴趣、多元发展需求和个体间差异,生物学跨学科主题应体现多元性和适切性。要基于学生所处心智发展阶段特点与兴趣爱好以及学生已有的知识基础与生活经验,选择学生在心理上与经验上都易于接受的主题。一方面,主题的产生基于教材、忠于课程标准,同时可通过问卷等形式了解学生的兴趣点和需求,与学生共同商定适切的学习主题;另一方面,同一生物学跨学科主题要兼顾不同学习水平、不同特长学生学习任务的差异化设计,赋予每个学生成长的空间。如有部分学生凭借"蝴蝶"跨学科主题学习,成为上海市少科院"小院士",充分发展了这一类学生的优势特长,更有每学期约90个学生获得科创类的各种奖项。"学校菜园设计"中任务的统整设计和分工探究也让学生的劳动兴趣、绘画特长、策划才能得以彰显,互助中每个学生都有满满的成就感。

跨学科的"温情"在于引导学生在深刻地认识生命的过程中激发学习兴趣、关照学生差异、激发社会责任,提升解决真实问题的能力,焕发学生的生命力。"激发"教师开展生物学跨学科主题学习的专业自觉,"看见"每个生命成长之需,精心设计生物学跨学科主题,点燃跨学科的"温情",引领学生在真实的世界中探寻,为每个生命成长注入暖流,定能唤起学生的学习兴趣,激发学生自由生长的内因,让每个生命沐浴阳光、灵动成长。

2. 落实"双新"理念,优化线上契约教学

上海市杨思高级中学　龙美君

一、缘起

2022年春,上海市高中学校在疫情期间通过教学直播、录播、空中课堂等模式积极开展线上英语教学。新的教学环境给学生带来丰富的教学资源和更多学习空间,但对教师如何落实"双新"(新课程、新教材)教学带来了挑战。"双新"是一项教育改革举措,涉及新课程标准、新教材、新教学方式、新评价机制等方面,引导学生通过情境实践、探究学习等方式,落实学生的核心素养生成,摒弃"功利性学习"和"应试教育"。

基于"双新"理念,教师应在教学过程中落实对学生情感态度和学习策略的培养。情感态度指培养学生的学习兴趣、树立学习的自信心、形成克服困难的意志、培养乐于与他人协作的合作精神。学习策略旨在引导学生主动学习,形成以能力发展为目的的学习方式。根据复杂动态系统理论,学习者的语言学习受到终端设备、教学平台、教师授课方式等一系列因素的影响,其中某个变量的细微变化会引发整个系统的巨大变化。因此,教师不可想当然地认为学生能很快适应线下到线上教学的转变,而应切实关注如何在线上教学中落实对学生的情感态度和学习策略的培养,提高学生线上学习的有效性。

在本文中,笔者详述教师如何通过调查学生的自我调控能力提高学情分析的科学性;制定学生的个性化学习契约,满足学生差异化学习需求,培

养学生自主学习能力,培育学生的契约意识和契约精神。同时,布置小组契约作业,通过合作互助的方式完成探究性学习任务,带来更积极的线上学习体验,强化学生的合作意识。

二、基于"双新"调研学生的线上学习自我调控能力

(一)学生自我调控能力调研关涉学情分析的科学性

自我调控是学习者为了实现个人目标而努力激发与控制自己认知、情感、行为能力的过程。学习者自我调控能力的高低决定学习者能否自主设定学习目标、制订相应的学习计划、不断改进学习策略、进行阶段性反思或总结,以及是否能够在学习过程中积极向同伴或老师寻求帮助。新课程标准强调教学中教师应"引导学生乐学善学",不仅要重视"学什么",更要关注学生是否"喜欢学"以及知道"如何学"。因此,调研学生的自我调控能力,有利于教师掌握学生的认知特点、了解学生线上学习的具体困难,便于教师基于学情设计分层教学目标、帮助学生制订适合个体的学习计划,提高学生英语学习的积极性。

(二)调研问卷的设计

该问卷改自 Barnard 等(2009)设计的在线自我调控学习问卷(Online Self-regulated Learning Questionnaire,OSLQ),分为"计划""行为""反思"和"情绪管理"四个维度,共设计 20 个问题,用于测量目标设定(5 个选项)、任务策略(5 个选项)、时间管理(3 个选项)、寻求帮助(2 个选项)、自我评价(3 个选项)、情绪调节(2 个选项)六项构成要素。问卷调查通过问卷星发放,选项从 5 到 1 分别代表"非常同意"到"非常不同意",问卷满分为 100 分,得分越高代表自我调控能力越强。

表1 学生自我调控能力问卷选项举例

维度	构成要素	选项	选项举例
计划	目标设定	5	我会设定短期的(每天或每周)目标,比如梳理单元的语法点知识。
行为	任务策略	5	我能转述或复述知识点,来加深对知识点的理解和掌握。
行为	时间管理	3	我会安排额外的时间巩固学习成果、查漏补缺。
行为	寻求帮助	2	我常与同学讨论遇到的问题,了解自己对这块知识点的掌握程度。
反思	自我评价	3	我能针对自己的薄弱项,适时调整学习策略和计划。
情绪管理	情绪调节	2	遇到学习中的挫败,我能及时调整情绪和状态。

(三)学生自我调控能力调查初步结论与优化线上教学的启示

通过问卷星的发放,最终收回83份有效问卷,可得出以下结论:

第一,学生在英语学习中形成的各种情感态度对于自我调控能力有极大影响,具体表现为:情感态度积极的学生,能以学习目标为导向制订较清晰、具体、可执行的学习计划,能进行积极的反思,能针对薄弱项灵活调整学习计划。由此可见,线上教学中"双新"理念的体现,更需要强调学生的主体地位,也需利用信息技术平台赋予线上英语学习更多活力,激发学生的兴趣和内驱动力,只有让学生对英语学习有了积极的情感,才能让学生保持动力,不断进步。

第二,学生的自我调控能力存在学习需求的个体差异性:自我调控能力强的学生不满足于线上教学内容,有进行针对性的强化训练的需要,同时渴望拓宽英语的知识面；相反，自我调控能力较弱的同学更希望能跟上教学进度，有效完成每日家庭作业，对于单元知识点进行巩固和强化。因此，线上教学必须落实差异化教学和分层任务设计，通过线上有针对性的辅导，满足学生有差异的学习需求。对于自我调控能力强的学生，教师应引导他们将英语学习从线上课堂拓展到课堂外，充分利用信息技术资源拓展知识面、提高知识运用的整合能力。对于自我调控能力较弱的学生，教师应通过与学生的沟通，引导学生诊断个体的学习需求、界定学习目标，敦促学生做详细的计划，及时反思。通过教师的针对性辅导，引导学生逐步掌握自主学习策略，形成以能力发展为目的的学习方式。

表2 线上学习自我调控能力调查结果举例

第4题：Factor 1 目标设定(Goal-setting)
1. 我会设定目标来管理在线英语学习任务的完成。［量表题］

X\Y	非常不同意	不同意	不同意也不反对	同意	非常同意	小计	平均分
即使知道要高考，我也不想学，没什么兴趣并且对于我来说实在太困难。	3	3	2	3	0	11	2.45
出于完成学校和老师布置的该完成的任务	2	8	24	19	4	57	3.26
出于高考升学的压力	3	9	28	25	5	70	3.29
出于对英语的兴趣和热爱	1	1	12	10	5	29	3.59

三、基于"双新"的高中英语线上契约教学实践探索

(一)着眼于学生自我调控能力的差异,构建学习契约框架

"双新"教学强调教师应尊重学生个体差异,满足学生差异性学习需求。契约学习(Contract Learning)是以学习契约为载体的一种教学方法,在学习者与教育者共同协商的基础上,通过签订书面协议来确定学生的学习目标、学习策略、契约依据。基于学生自我调控能力的调查,教师可针对学生的个体差异,与学生共同诊断学习的需求、明确学习目标、选择学习资源和策略、评估学习结果。同时,教师可通过布置小组契约作业,让学生通过小组合作完成探究式学习的任务,激发学生参与线上课堂的积极性。在这个过程中,教师从传统的内容传达者变成了学习的促进者和监督者,为学生提供个性化课程方案和多种形式教学活动,从而实现个性化的教学理念。具体的契约流程设计如图 1 所示:

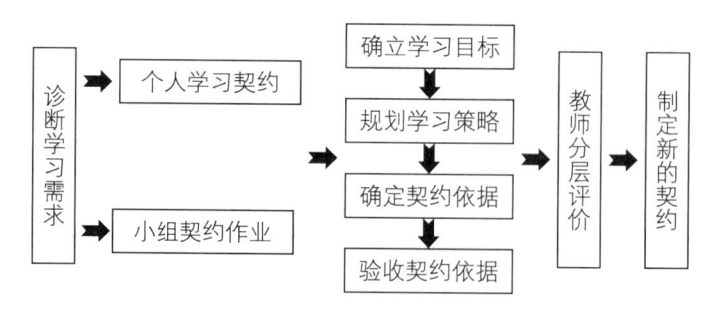

图 1 契约流程设计

(二)师生共同协商,制定线上英语学习契约

"双新"教学理念中强调既要尊重差异,促进个性化学习,也要利用差异,加强小组合作学习。因此,线上的契约教学包括教师基于学生差异制定

个人学习契约和教师面向全班共性需求布置小组契约作业。在制定学习契约的过程中,教师必须遵守师生共同协商的原则,这样才能真正地尊重学生的独立人格和真实想法,也能浸润式地培育学生的契约精神。

1. 基于学生个体差异,制定个人学习契约

第一步,教师根据学生自我调控能力的分数来划分小组并进行分组指导,必要时也可以通过师生一对一交流来诊断学生学习需求,充分了解学生线上英语学习的具体困难和障碍。对于自我调控能力较强的学生,笔者认为尽可能满足他们的求知欲,培养他们的思维品质、想象力和创造力,允许他们超大纲、超进度学习。相反,自我调控能力较弱的学生需要在教师的个别辅导下,以落实基础知识和技能为主线,完成学习任务,学会思考,掌握学习方法,逐步形成自学能力。第二步,学生在教师的指导下,根据 SMART goals 原则(即 Specific 明确的,Measurable 可衡量的,Achievable 可获得的,Relevant 相关的,Timed 有具体时间的),明确自己的学习目标,并有条理地列在纸质契约内。第三步,与学生共同协商,引导学生制定切实有效、清晰具体的学习策略。第四步,确定学习契约履行的时间段,提醒学生不可违约。第五步,通过师生商讨来确定检验学习契约的依据。

案例1:学生甲的个人学习契约(自我调控能力强,分数98,见表3)

表3 学生甲学习契约

学习目标	长期目标:综合提高英语听、说、读、写、译的能力,高考英语目标分数120及以上。 短期目标:归纳、整理第二单元的语言、语法知识点,并能在口语和写作中灵活运用。
学习策略	1. 课堂上,及时记录知识要点,笔记清晰、逻辑清楚,没听懂的要点做好记录下课后及时向老师请教。 2. 课后,能对今日课堂所学内容进行复述或与同学讨论,利用思维导图梳理阅读课文章的脉络。

（续 表）

学习策略	3. 基于本单元主题,运用相关短语并完成读后续写任务。 4. 观看BBC纪录片 Clothing and the environment（时装产业对环境的影响）,整理高级词汇和表达,并完成片段配音。 5. 利用真题做高考语法填空练习,对于非谓语部分做好笔记整理。
契约时间	4.11—4.24
契约检验依据	1. 复述语法填空中非谓语的考点和做题技巧,上交音频一份。 2. 制作第二单元 The story of a T-shirt 的思维导图。 3. BBC纪录片 Clothing and the environment 配音作品一份。

案例2:学生乙的个人学习契约（自我调控能力低,分数23,见表4）

表4 学生乙学习契约

学习目标	短期目标: 1. 落实第二单元的语言知识点、语法知识。 2. 对阅读课的文章能进行概述。 3. 落实第二单元的单词、词组默写。 4. 做好练习册的家庭作业及订正。
学习策略	1. 课堂上,认真记录老师讲的笔记,课堂上没听懂的地方要做好记录,下课后要及时问老师。 2. 提前预习第二单元,做好老师布置的阅读圈任务:重点短语和定语从句的整理。 3. 制作思维导图归纳第二单元非谓语的语法知识,整理错题集并向同学进行转述。 4. 仔细听单词音频,弄清楚每个单词的读音,在读对单词的基础上背诵单词及正确的拼写。
契约时间	4.11—4.24
契约检验的依据	1. 已通过的老师布置的线上听写的问卷星记录。 2. 上交非谓语知识点的思维导图。

学生在个人学习契约的制定过程中,形成了清晰的自我认知与积极的自我对话,充分了解自己的学习情况、明确学习目标和学习策略:第一,课堂

中要"学进去",学生需对课堂内容进行有效的预习并带着问题有备而来,认真听讲并与师生积极互动,进行个体反思并总结拓展。第二,课后要"讲出来",只有把自己的理解、建构与思考表达出来,才算真正发生了学习。第三,课后更要"写下来",整理思维、内化知识的过程,是帮助学生将学习变得真正有效的过程。"学进去""讲出来""写下来"三个步骤正是落实"双新"教学中强调的"让学生真正学会学习、让学习真实地发生"的体现。

2. 基于共性学习需求,布置小组契约作业

"双新"理念指导教师要承认和尊重差异,同时也要鼓励学生通过体验、实践、讨论、合作与探究等方式,发展听、说、读、写的综合语言技能,真正实现面向全体学生。笔者根据自我调控能力分数将学生分为四个层次,构建甲(80分以上)、乙(60—80分)、丙(40—60分)、丁(40分以下)线上学习云小组,并确保每个小组有至少一位甲类和丁类学生。在云小组内,虽然学生的自我调控能力有差异,但学生却各有所长,对学科的兴趣也各不相同。在甲和乙类学生的带领下,小组成员通过合作完成契约作业,使每一位学生都能在各自的"最近发展区域"充分发展,激发学生的主动性和积极性,形成良性竞争氛围。笔者要求学生在掌握课文内容后,借助教材中的语言、背景和网络信息技术,在所界定的主题下进行探究性学习。比如,上完上教版第三册第二单元的阅读文章 Next up, the BDS 之后,学生了解到北斗卫星导航系统在农业等方面的运用。笔者引导学生深入挖掘北斗卫星导航系统在我国航天、国防、科技、民生等领域中的运用,让学生通过云小组的合作完成"北斗科普",激发学生对祖国前沿科技的兴趣,开阔学生视野,启发学生思考。在此过程中,学生无须死记硬背,学生的擅长点也各不相同,在合作中搜集整理信息、动手制作、动脑分析,在线上课堂利用投屏、连麦等方式汇报小组的磨合和准备,展示成果,有助于让线上学习实现"激趣"和"启迪"的效果,同时培育学生的合作创新精神。

(三)契约履行的监控和验收

尽管学生与教师已在双方协商好的基础上制定了学习契约,但由于缺少线下教学环境中的有效监管,学生的履约行为会出现不同的偏差。自我调控能力强的学生,即使没有教师的监督也能有效完成学习任务,但不清楚如何把自己的学习计划拔高一个层次,挖掘自己更多的潜力;而自我调控能力较弱的学生对于自己的自我管理能力不是很自信,为了兑现自己的学习契约,学生希望有教师、同学或者家长友善的语言提醒。由此可见,学习契约的履行和学习目标的达成需要有外部强有力的监督,这种监督可以来自教师、学习小伙伴或者家长,才能促使学生,特别是意志不坚定的学生,达到自己所制定的目标。具体的做法可以是让同学们分析自己完成契约的依据,通过学生的分享,激励学生对履约过程进行自我检查和反思。

案例1:个人学习契约的检验依据——思维导图1 Unit 2 *The Story of a T-shirt*

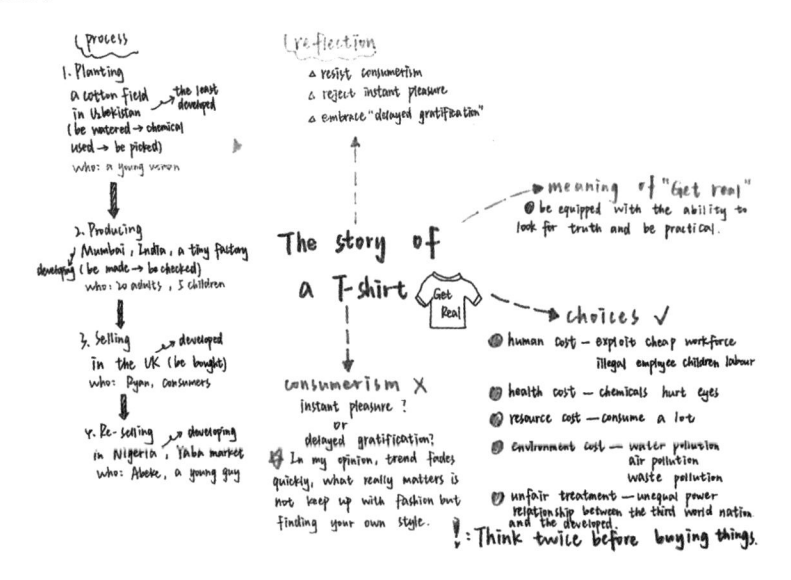

图2 思维导图1

案例2:个人学习契约的检验依据——思维导图2 Unit 3 *Ideal Beauty*

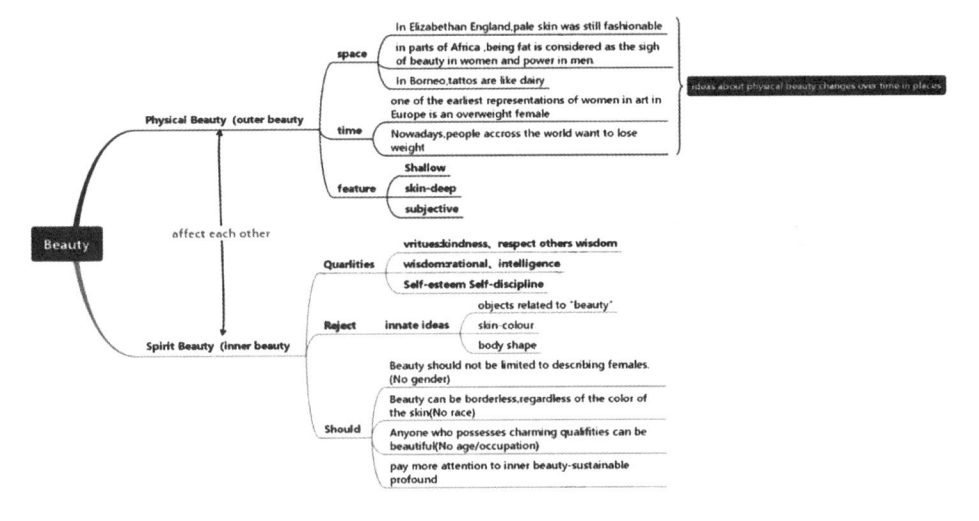

图 3　思维导图2

案例3:小组契约作业的检验依据——*The application of BDS* 小组线上汇报

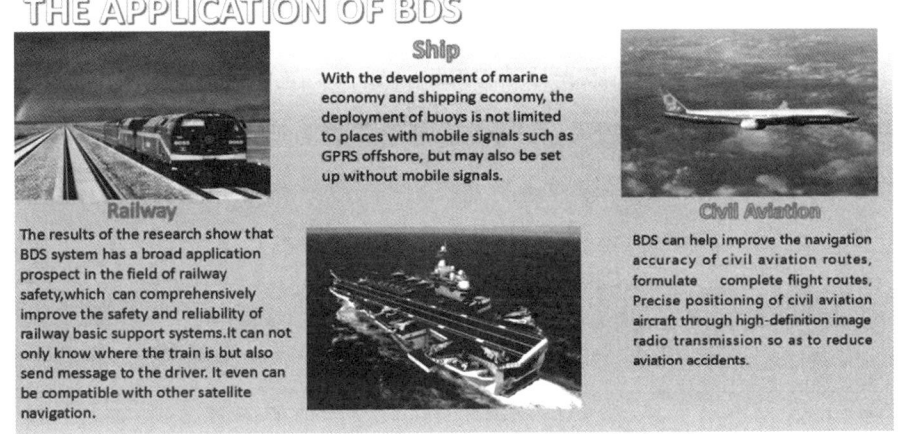

图 4　小组线上汇报

（四）注重激励，分层评价

根据新课程标准，教学评价应贯穿英语教与学的全过程，在关爱、信任、尊重的气氛中，以发展的眼光评价学生，帮助学生在原有的基础上实现个人的发展。在学生完成契约后，教师应引导学生对自己的履约过程和结果进行自我反思与评价，随后教师进行总结评估，以评判履约过程中的经验得失。对于自我调控能力较弱，尤其是有焦虑感或很强自卑感的学生，教师应多给予表扬，寻找其闪光点，及时肯定他们认真履约的行为，使他们看到希望，帮助他们逐渐消除负面情绪。对于自我调控能力中等的学生，可采取激励评价，既要指出不足，又要指明努力方向，促使他们不甘落后，奋发向上。对于自我调控能力较强的学生，可采用竞争评价，坚持高标准严要求，促使他们更加严谨，更加努力拼搏。在评价的基础上，教师还需对学生进行综合分析，对于进步明显的学生在新契约中要求提高一个层次；未能完成契约的同学,教师应提醒、鼓励、关心,帮助其分析原因、树立信心。这样做不仅能让学生及时调整适应自身发展的起点,也有利于看到自身问题,保持积极进取的学习热情。

四、落实"双新"理念的审视:契约式线上英语教学的价值思考

经过一个阶段的契约式线上英语学习实践,学生的学习策略和情感态度得到了双向提升:学生普遍认为在制定和履行个人学习契约的过程中,找到了适合自身的学习方法、降低了线上英语学习"无从下手"的焦虑感;小组的契约作业让他们通过相互合作的方式开拓视野、启发思维,自己的擅长之处有机会得以展示,增强了英语学习的自信心和兴趣。同时,由于教师与学生不断地沟通和协商,师生之间的沟通渠道更加顺畅,师生关系更加融洽,积极的反馈帮助学生形成了英语学习积极的情感态度和自我学习管理的能力,让学生感受到了线上教学的温暖。

(一)凸显"双新"教学的以生为本

每一位学生都有可能在线上学习的过程中遇到困难,具体的线上学习困难又因学生而异。契约教学让教师面向全体学生,充分尊重每一个学生,对学生抱有合理的期待。在师生协商一致的基础上,从制定契约的自我认知、履行契约的自我管理,到评估契约的自我反思过程,无不体现学生的主体作用。在整个过程中,教师不可喧宾夺主,谨记学习契约的制定与履行都必须以学生为主角。制定个人契约,是教师着眼于学生的个体差异,切实帮助学生解决具体的学习困难、进行差异化教学的方法,也是优化信息技术背景下学生的学习感受的新策略。在制定、履行、评估的过程中,教师与学生

始终保持互动与协商、相互陪伴、教学相长,是"双新"教学里以学生为本的具体体现。

(二)强调"双新"教学中对学生学习策略的培养

学生在践行个人学习契约的过程中更加明确了"学什么、怎么学、如何检验学习效果",实现学习目标的自制、学习策略的自设、学习过程的自管、学习效果的自评。同时,线上学习由"教师要我学"变成"学生我要学",学生从"依靠教师"转为"自我管理"和"同伴互助",整个学习实践过程是一个不断习得、反思、内化的过程。当学生的个性化学习需求得以满足,学会了自我管理,学习能力便能提高,有助于培养学生"学会学习"的能力。在完成小组契约作业的过程中,大量的工作由学生在脱离教师的监管下自主完成,学生需要从网络信息平台上广泛搜索、动脑筋对信息进行整理和提炼,这有利于培养学生提取和整合信息的能力,帮助学生养成自觉学习的习惯,形成有效的学习策略,进而促使学生提高自主学习的能力。

(三)落实"双新"教学中的精神培育

基于契约进行线上英语学习实践活动,让学生感受到了学习的乐趣和教师的充分信任,形成积极的学习态度,让学生健康、自信、阳光地成长。学生通过制定符合自己学习需求的个性化学习契约,明确了自己该承担的职责和义务,接受契约的约束,脚踏实地兑现诺言。学生严格执行契约的过程,有助于强化学生的主人翁意识,培育学生的契约精神。学生通过自我认知、自我反思和自我管理,能更清楚地意识到有目标才能有方向,有方向就要坚定不移地尽自己最大的努力完成既定目标,更要不断克服困难、不轻言放弃、不断完善自我,向更高一级的目标迈进,为目标坚持不懈的努力有助于提升学子的坚韧品质。在完成小组契约作业的过程中,学习是以小组为单位进行的,为了更有效地完成探究式学习任务,学生要根据个人特长进行分工,完成各自任务之后再进行合作,有利于培养学生的与人合作的意识与技巧。

参考文献：

[1] 陈亚敏.基于学习契约的"小老师微课堂"教学初探:以三年级上册 Unit 7 *Would you like a pie?* 为例[J].教育研究与评论,2021(10):72-75.

[2] 邓海波.学习契约是支持自主学习的有效工具[J].教学研究,2006(24):145-147.

[3] 李莹莹,周季鸣.线上英语教学环境下学习者自我调控能力研究[J].外语与外语教学,2020(5):45-54.

[4] 尚建国.网络环境下大学生自我调节学习策略与英语学业成就之关系研究[J].外语研究,2016(4):57-62.

[5] 唐青才,朱德全.契约学习:教师个性化教学和学生自导学习的有效途径[J].教学与管理,2007(4):8-9.

[6] 郑咏滟.语言学习动机的动态机制:评价[J].外语教学与研究,2016(6):947-952.

[7] 郑咏滟.从复杂动态系统理论谈有效的外语教学[J].当代外语研究,2019(5):12-16,49.

[8] 郑春萍,王丽丽.高校英语学习者技术接受与在线自我调控学习的结构关系研究[J].外语教学,2020(2):64-70.

[9] 中华人民共和国教育部.普通高中英语课程标准(2017年版2020年修订)[M].北京:人民教育出版社,2018.

3. 这片子，暖心又好看

上海市吴迅中学　王砚晟

阳光照射下的操场，学生们激情洋溢，运动产生的多巴胺让孩子们沉浸在温暖的快乐之中！作为一名体育老师，我常常为之自豪，学生爱上体育课，运动之于学生来说就像一部喜剧，成为同学们快乐温暖的源泉，这也是一部活力四射的青春剧！

春暖花开之际，本该在跑道上奔跑跳跃的时候，突发的新冠疫情让教学再一次转战云端。当客厅变操场，老师变主播，云端体育面临更大挑战时，直播间相遇的师生又该演绎一部怎样的"喜剧片"呢？

剧本拿来主义，直播间遇冷

我踌躇满志，空中课堂资源丰富，网络视频的直观清晰，是线上教学坚实的后盾。这现成的"剧本"，让我瞬间完成了线上体育教学的筹备。

3月14日，在线教学的第一天，电影正式"开拍"。

首堂课，我提前下载好了空中课堂中"跳绳：并腿跳基本动作"的视频资源，并且在上课前观看了数遍。如此"充分"的准备，使我在直播间内精准地按动着鼠标，在我认为重要的地方暂停解读，丝滑地拉动着进度条，跳过我认为大家无法完成的动作，整节课无比顺畅。视频结束我又将教学要点、注意事项进行了讲解。四十分钟的课"完美"结束，下课前，根据空中课堂，我布置了作业。

满心期待导出上课名单，竟然很多同学中途离场！到晚上查看课后作业时，五个班级的上传率不到20%。"毕竟特殊时期，中途排队核酸也是情理之中吧;毕竟今天是第一天在线学习,大家可能都忘了吧。"失望中只能这样安慰自己。

接下去的两节跳绳课,按照既定剧本,我继续播放着提前下载的空中课堂。但是却越发让我傻眼,不仅中途离场的同学越来越多,甚至不少学生压根没进入直播间。在留言板里,充斥着"体育课没啥意思""提不起劲""还不如玩会儿游戏呢"之类的留言,甚至还有同学打出了几十行的省略号以示不满。不仅如此,课后练习时不少同学以没地方、没器材为由不提交作业,即便完成的同学也是敷衍了事。

直播间遇冷,预想中的"喜剧"却成了不上座的"悲剧"!曾经学生最爱的体育课变成了激发不起活力的"烂片"!"主演"变成了"群演",为什么?

当我深感苦恼之时,同样困惑的艺体组老师也开始在群里倾诉:"线上体育课真难!""狭小的空间根本不行呀!""这些学生跟在学校真是大相径庭啊!"……

当所有的苦水全部吐完后,资深蔡老师的一句话瞬间让大家安静了:"不是学生变了,而是学习的方式变了、地点变了、条件变了,这么多的变化,我们该怎么应对?"

"空中课堂的资源那么多,确实好,全市的学生都是这个内容,如果全盘拿来主义,是否合适? 个体不同,教学的差异如何体现?"

"隔屏遇冷,很正常呀,因为学生们根本感受不到我们老师的热情! 学生的热情又怎么会被激发呢,老师和学生之间隔着一座山呀!"

"一部上座的、让观众共情共鸣的影片,好剧本、好导演、好演员缺一不可。假设我们老师是导演的话,好的导演一定要让演员去沉浸式地投入其中,影片才会精彩!"

一石激起千层浪。老师们的讨论将困惑变成了反思。

"其实,我的美术课也跟大家一样困惑。不过,我最近用了春晚最流行的舞蹈《只此青绿》让学生感受色彩,让学生展现抗疫的画面时先让学生听了《这世界那么多人》的歌曲,学生的情感被触动,画中有情了!"

美术老师的一番话,引来了一片赞叹。

教育是相通的。此刻,我突然豁然开朗:线下时,体育课有活力,学生爱上体育课,是因为有面对面的交流,是因为我充分了解学生而制定的适切的教学内容、个性化的教学环节、充分带动气氛的鼓励。线上时,空中课堂的老师不是学生熟悉的老师,居家运动无法比拟校园,学生的情绪我无法去感受到,拿来主义的"剧本",不做适当的改编,这样的编剧,是脱离学生实际的,这样的导演,又怎能让演员"进入角色"呢?改变成适合的,让学生喜欢,让学生的情感被触动,该是我要努力的。

剧本改变,演员渐入佳境

我的倔强让我重新改写"跳绳:并腿跳基本动作"这一课,一个全新的教学"剧本"应运而生。我将手脚并用的跳空绳练习移到了第一部分,将有绳练习简化成徒手练习,锻炼大家的协调性的同时,引出跳绳运动"上臂夹、手腕转、脚踝蹬、双膝屈"的技术要领;再通过模拟摇绳和模拟过绳的练习,使学生进一步掌握并腿跳的技术动作。上短视频平台搜索运动视频,发现视频音乐带着节奏感,动感十足。教学形式也进行了调整:课前集合用音乐来召唤,避免代沟,我让学生推荐音乐;教学过程中,空中课堂剪辑加动感小视频穿插其中,边播放边讲解,每个小视频对应几组小练习,辅以音乐及口令,提醒学生注意好动作。训练科学合理,循序渐进,让不同体能的学生得到不同的训练,重难点我讲述并示范,和学生一起动起来。

"同学们,轻松上体育课,大家可以打开摄像头,让老师看到你们灿烂的微笑哦……",我率先打开了自己的摄像头,课前的动感音乐似乎有了魔力,紧接着,一个个熟悉的脸庞出现在了屏幕上。

"上周的跳绳课只看视频大家是不是觉得有点枯燥呀？今天我们再上一次并腿跳的课,也许你会有不一样的感受……","电影"重新开机。

"预备,起！12345678、2234……"熟悉的口令声通过麦克风传递给了每一位同学,引导着大家进行热身练习。

徒手练习简化动作难度,无绳到有绳,以及动作顺序上的微调,让同学们将要领贯穿始终,学练效果远超第一堂课。

在体能练习的同时,$shape\ of\ you$ 的音乐响起,歌声像是一针兴奋剂,瞬间点燃了大家的激情,镜头下的大家跟着节奏律动,一次又一次热情洋溢地完成着每一个动作的练习。

"老师,下次我来推荐歌曲！"……

休息时,互动留言区内的消息瞬时激增。

"你要是今天能多做一组,下节课老师就放你的歌。"我这样打趣道。

这一刻,汗水和欢笑温暖着冰冷的屏幕,活跃的气氛就像暖暖的阳光,慢慢融化了师生之间由于距离形成的冰层。我们仿佛重新回到了操场,共同挥汗,相互逗乐,大家似乎重新找回了那堂最爱的体育课。

体育课之所以会成为许多同学最爱的课程,是因为在上体育课时,他们能暂且放下对成绩的执念,忘记一些烦心事儿；通过运动的乐趣,释放自己的内心,投入其中,获得快乐。屏幕对面同学们嘴角扬起的笑容和一张张因为运动泛红的脸蛋,正式宣告着：演员们,已就位！

好剧更精彩,因地制宜加"道具"

当直播间的人气开始高涨,如何将热情持续,让运动更科学？场地、器材和互动等客观条件似乎制约了孩子们的热情。

为了迅速创造代入感,我以一堂在线快速跑教学作为试验,"剧本"继续改进。

"按太阳穴轮刮眼眶",还没来得及诧异,同学们便迅速地闭上了双眼,毕竟是从小做到大的眼保健操呀,这一下就让大家进入我所预设的氛围中,"下面跟着老师一起做热身操。"学生入戏挺快。

当电子黑板上出现《神庙逃亡》的游戏画面时,大家的兴趣一下就提了起来。"这游戏我玩过!""原来老师也玩游戏哦?"同学们热烈地讨论着。手机游戏作为载体设计的跑步练习,带领同学们一起,通过原地两面转法和下蹲、轻跳。闯过重重关卡,躲避"怪物"的追赶。当平日里最爱的手机游戏成为练习内容,我不光看到了大家的激情练习,还看到了孩子脸上洋溢着的纯真快乐的神情。

"我好像没动过地儿啊,可怎么还那么累呀。"

"我也是,一身汗,我压根没离开过瑜伽垫!"

组间休息时,消息区内一片"叫苦连连",原地练习也能达到这样的效果,我感受到了他们累并快乐着的释放感,快乐多巴胺弥漫在空气中,我们之间的距离似乎很近。

"接下来我们需要一个限位器用来标定我们摆臂的幅度和高抬腿的高度。"

"哪来的限位器?"消息区内又一片哀号。

"别急呀,爸爸妈妈是不是都在家呀,借他们一用。"

话音刚落,好多孩子拉来了自己的"限位器"。屏幕那头,不再是孩子们孤单一人,此时的家庭成员们化身"体育器材""同桌""好朋友",孩子们虽然气喘吁吁,却依旧拼尽全力,家长们乐在其中,替孩子们加油鼓劲。火热的气氛下,大家对运动的激情重新燃起,家长们也好像重回青春时代。

镜头下同学们积极的练习和愉悦的神情不仅温暖人心,更是完全"入戏"。本次"剧本"改进又让我有了小小的得意:爱玩游戏是学生的天性,何不顺势而为,以兴趣为切入点,将被动参与转为主动投入,将枯燥的动作练习转变成运动乐趣,一个小小的创意,充分调动了学生们的积极性。

这部"喜剧"开始更热闹了,"主角"到位,还拉来了"群演",来了一出全家总动员。紧张的亲子关系不正可以得以舒缓吗?无心插柳柳成荫,这更是意料之外的惊喜!

课堂有温暖,好剧有"彩蛋"

学生是教学的主体,每一位同学都应该是体育课上的"主角"。但是在目前的疫情背景中,我们常常会遇到一些特殊情况。身处这些情况下的孩子常常会游离于"片场"之外,仿佛一个"群众演员"。

一次核心力量课上,器材与场地要求是一块瑜伽垫。在检查学生摄像头开启情况时,我发现个别同学所处环境是方舱隔离点内,更出乎我意料的是,这位同学将纸板平铺在地上,积极努力地完成着每一个练习动作,他克服困难努力练习的精神让我为之感动。我对他有了格外的关注。每次上课前,我会将一些"特殊待遇"私信给他。

"今天我们可以在自己的床上完成练习哦。"

"我们可以用徒手摇并脚跳代替跳绳练习。"

简单的改变,场地、器材等客观条件不再是任何一位同学积极参与运动的负担,并且在每节课中增加一个心肺功能的练习,尽可能地为身处特殊环境的同学身体机能状态提供支持。

"老师,谢谢啦。再一次阴性我就能出舱啦!回家我就有垫子和短绳啦!"一条私信好似一股暖流,涌上我的心头。而这些不起眼的小举措,也温暖着身处特殊环境的孩子的心。

学习生活中,我们始终是孩子坚实的靠山,认真的观察和细小的改变就像是冬日里的阳光一样,能够温暖孩子的心。为每位孩子提供合适的教育,让所有人都能参与其中、乐于其中,让每一位同学都成为主角。

就在一切向好,大家热情高涨的时候。一位同学却试图做一个"小透明",常常以各种理由请假缺课;秉承着一个都不能少的原则,我找到了他。

"这几天怎么了?为什么不上体育课呢?"

"老师,我是真的不舒服,还得排队核酸,就没赶上上课。"

"那我怎么刷到你在朋友圈大秀高超的游戏技艺呢?"

"别紧张,手游现在是亚运会项目,也是运动,在体育课上做运动,说来也没错,但是上了一上午网课了,是不是得出出汗,让眼睛休息下呀?"

"老师我错了,但你看我这身材,我是真的不喜欢锻炼不喜欢出汗,我就喜欢安静地看会儿电影。"

"你的身材那叫结实。难道就没有一个你感兴趣的体育项目?"

"其实……篮球还可以……老师我保证下节课我肯定上。"

知道了他的喜好,我立即调整教学进度,在教学计划中,加入体育传记电影《姚明年》的赏析,为紧张的居家线上学习生活起到调味剂的作用。通过电影,对全体同学进行针对性的德育渗透的同时,纠正他不愿运动和逃避学练的行为。我也会同意他某一阶段的"逃避请求",但我依然会把精简过的教学视频和学习重难点发送给他,并根据他之后的心理状态,适时地进行针对性的个别辅导。

"老师,怎么最近看篮球电影呀?"他的主动提问让我对他刮目相看,真是个言出必行的男子汉。

"正巧老师也是个球迷,但是你们太小了,也没人能跟我打球呀。"

"我很强的好不好!我可以用体重碾压你哦。"

"你的球技跟你的游戏比怎么样呢?我的游戏水准也是很高的哦。"

"真的吗?我不信,敢不敢跟我比一比?"

"好啊,只要下节体育课你能跟着一起把练习做完,我就跟你约一局。"

就这样,在下一节课上,他真的兑现了自己的承诺,即使艰难也努力完成着练习。而我也在周末完成了与他的手游之约。渐渐地,他总能按时进入课堂,课下,他也会常常与我交流游戏"心得",而我在他朋友列表内的备注也从"体育王老师"变成了"老王头"。一个绰号让我感受到了孩子的纯真,这份纯真也温暖了我的心。

个别的学生时常游离在集体之外,要走进他们很难,需要用时间和诚意。我们说师生之间总有代沟,但是当我们放下教师的架子,转换视角,从学生视角和他们对话,必能让他们感受温暖,当心与心的距离缩短,也许就是坚冰融化的时候。

这"片子"暖心又好看

云端守护,直播间相约,我和我的学生之间共同演绎了一部独属于青春的"喜剧片"。这部喜剧片很纯粹,就是希望在不确定的变化来临的时候,每一个学生依然能享受到学习的快乐,健康地成长。

生活的美好就在于多姿多彩的生命力,教育的美好就在于师生之间温暖的传递。我想到了关于"梭鱼"的教育案例:将梭鱼和小鱼放入同一池中,中间用玻璃隔开,梭鱼反复捕食小鱼,被玻璃反复弹回后失去勇气;在拿掉玻璃板后,梭鱼看着小鱼游来游去却不去做任何努力,最后生生饿死。面对教学形式的变化中带来的师生隔阂,如果我依旧只是给予批评、指责、不管不顾,我就会成为那块挡在我与他们之间的冰冷的玻璃板,毁掉他们的信心。

记录下这一段特殊的教学经历,它将成为自我成长的一部分,也对我以后的教学生涯产生足够大的影响,我对"体育"有了更多的思考:

体育,不仅是强健体魄,更是以体育心、以体育人。它是"五育"的基础,因为强健的体魄是造就蓬勃的生命力的源泉,由体育心、身心协和将成为我对教育教学的追求。温暖的教育,究其根本,我想是在呼唤我们教育者重视教育的人文关怀,温暖的教育就是饱含人文关怀的教育。作为教师,我将以温暖的教育实现教育的人文关怀,关怀学生的精神生活,尊重学生们的主体地位和个性差异,关心他们丰富多样的个体需求,激发他们的主动性和积极创造性,把为社会培育塑造拥有健康体魄、健全人格的未来公民作为自己的教育信仰!

传递给学生这样一种蓬勃向上的力量,让他们焕发青春的朝气和活力,是体育教师的使命。变化让原本的教育如常不再,但是依然因为热爱与温暖,让美好走上了正轨。直播间中,一部部暖心的"电影"成功上线,而观众们也不由得感叹"嗯!这片子,暖心又好看"。

4. "借"新闻热度,"暖"作业温度

上海科技大学附属学校　汪必霞

2022年版《义务教育数学课程标准》的指导思想是坚持以德育为先,提升智育,加强体育美育,落实劳动教育。核心素养的概念指向让数学回归现实世界,突显学生主体性地位,关注学生个性化、多样化的学习和发展需求,强调要让学生在实际生活中感受数学、学习数学,同时对学生解决实际问题的能力和综合素质的要求也更高了。

一、意兴阑珊,皆因纸上得来终觉浅

目前,小学大多数数学作业还是存在基于巩固知识的书面练习多,以培养能力的实践任务少的问题。作业形式的单一、作业内容的枯燥以及作业评价的冰冷,都有可能寒了学生的学习热情。

基于此,笔者关注到具有真实性、时效性和准确性的新闻是适合用于创编小学数学作业的优质资源。故结合目前正在教学的二年级第二册的教学内容设计了"新闻中的数学"系列作业。该系列作业共计16篇,以每周一篇趣味性的数学小短文＋开放性问题设置的形式呈现,文字、数据及图片均取材于现实生活情景或新闻报道。每周一次思考练习,引导学生理解生活现象背后的数学原理,激发对数学的好奇心与想象力。希望学生可以通过阅读,学会用数学的眼光去观察;在生出疑问和探寻答案的过程中学会用数学的思维思考;在交流讨论时学会用数学的语言表达。

二、别出"新"裁寻问题,"闻"以载道育能力

(一)"引"新闻话题,激发学习兴趣

从新闻中选取的话题贴合学生的生活,符合学生认知,比起单纯的练习式作业更能激发学生的学习兴趣,唤起学生的"从内驱动"的动力,因此"新闻中的数学"中的每篇都是以一篇近期热点新闻为话题切入点,结合课程内容及核心素养培养目标进行创编的。

例如,当面对突如其来的变化,学生被迫居家上网课时,为培养他们良好的学习习惯,以《上海新增多名确诊病例,全市中小学暂停线下教学》的新闻为背景,结合第三章《时间的初步认识(二)》所学的时、分、秒相关知识,以第三人称视角讲述了一个在上海读二年级的小女孩贝贝的一天的故事。通过贝贝起床、看钟表、上课、下课等活动,复习巩固钟面认读、计算时间段的基础知识;接着,通过统计爸爸每天为别人做核酸检测的次数复习三位数的加减法和估算。此外,故事中贝贝珍惜时间、认真学习,主动帮助妈妈分担家务以及关心爸爸的行为也可以潜移默化地让小朋友感受到珍惜时间的重要性和学会如何体贴关心父母。

《病毒为何如此强大?》则是生发于学生在课堂中提出的疑问并结合《每日新增居高不下,奥密克戎再次肆虐》的新闻设计的。从学生无意中的一个疑问——"为什么病毒这么厉害"出发,以"一个病毒"的自述形式,向小朋友介绍病毒的分裂和传染方式,并通过"猜一猜"再"算一算"病毒在 5 分钟后、1 小时后、1 天后的数量,激发学生的好奇心及兴趣,培养他们独立思考、自主探索和动手实践的能力。

再如,《粽子的"秘密"》则是借由《万"粽"一心,安康守"沪"》的新闻,并结合课内《质量的初步认识》与《几何小实践》的内容进行创编的。先是以

"粽子中藏着哪些数学小秘密?"引发学生的好奇心,再设置"小小采购员""大力士挑战""折'粽'小专家"等活动引导学生在实践中了解"克与千克"在生活中的应用;通过"拎一拎""抱一抱"等挑战活动建立量感;并在动手包粽子或者用纸折"四角粽"的过程中,建立几何直观,感受数学的魅力。

这种从新闻话题引发出来的探究问题,具有能将课本知识与生活结合的优势,通过激发兴趣,引导学生迈出主动探索、主动学习的第一步。培养学生在生活中"看见"数学的能力。只有先"看到",才有可能"想到",并学会用数学的思维思考。

(二)用"新"创编,发展核心能力

教育的目的是培养学生成为全面发展的人,将新闻中的热点问题转化为日常生活实际面临的家庭问题,请学生在阅读之后思考如何用数学方法解决生活问题,不仅培养了孩子的当家能力,也将数学的思维迁移到课堂之外,启发学生用数学思维思考世界,理解数学与现实世界间的逻辑联系。

以《小小"团长"》为例,本篇取材于光明网新闻报道《"00"后学生在上海当"团长"》。"团长"一词在同学们的生活中并不陌生,许多学生家长都在新冠抗疫期间担任了"团长""楼长"及其他相关志愿者工作。负责统计、采买的团长,其工作和数学思维密不可分。因此笔者将此新闻与课本第七章《万以内数的认识与表达》的内容进行结合。学生模拟担任一日团长,了解"团长"的工作流程,在统计各家物资需求中理解巩固统计知识,切实将统计运用到生活中具体的数据问题上。计算采买数量和支付金额,引导同学们在计算、整理数据的过程中复习万以内数的计算,进一步思考面对复杂且较大数据时,如何快速处理数据信息。最后,建议家长也适当让学生参与到自己的志愿者工作中,和自己一起组织、策划、计算,增强学生对生活的参与感和掌控感。

学生在自己参与家庭团购的过程中,经历计划、购买、算账的实际应用,提高解决现实问题的能力,运用数学思维揭示了生活中复杂问题背后的根本数学逻辑。在解决团购问题的过程中,学生根据已知的计算、统计等原理,推导出生活问题的结论,分析解决实际问题,综合处理多项团购信息,用计算思维将复杂信息简单化、形式化。

除了会用数学的方式思考,会用数学的方式进行表达也是数学核心素养的重要体现。因为数学本就为人们提供了一种描述与交流现实世界的表达方式。

在新闻《五一不出门,居家也能"游"》中提炼出《我的居家旅行》一篇,结合正在学习的《几何小实践》单元相关内容,五一假期的阅读材料为学生提供了一份"旅游计划指导书"。学生可根据自己的兴趣选择:①制订一份旅游计划(包括:目的地、行程时间表、开支预算表等);②绘制一份地图(结合所学《东南西北》相关知识,绘制一幅地图);③制作一个指南针;④图形侦探摄影师之旅(以寻找家里的"图形"为目的进行拍摄,观察并搜集家里出现的各类图形)……选择项目不限,可以书面、录音、视频等各种方式完成。学生可根据自己的兴趣爱好和能力对以上任务进行选择和组合,也可以自己发挥创意丰富活动内容。

一份旅行计划,融合了数学中计算、时间、方位、图形等多项知识,学生在设计旅行计划指导书时,就是在尝试用简约、精确的数学语言描述日常生活中的数量关系与空间形式。同时制订旅行计划还潜移默化间融合了文学、地理等学科的思维意识,在现实场景中构建与其他学科普适的数学模型,解决现实问题。最终在分析多项可能性的基础上,形成合理的决策和规划。开放的表达形式,也促进学生学会用数学的语言,准确精练地表达自己的旅行计划,提升数学的表达与交流能力。

作业设计均选材自与学生居家生活息息相关的内容,全面展现了在日常生活中处处有学问的道理。通过一次次在日常化的情境中解决实际问题,给学生将课内知识与生活问题结合的锻炼机会,真正做到学以致用,这不光是智能的发展,更是学习和思考习惯的养成。我相信,学生激动地在课上分享自己经过大量计算和推算后发现的"病毒的秘密"时,在表达自己将一堆杂乱的数据整理成清晰的统计表后获得了巨大的成就感时,在尝试调动其他学科知识,并寻求各种资源解决一个数学问题时,他们收获的不仅仅是对知识的巩固,更是自身能力的提升以及对数学的重新认识。

(三)"传"新闻精神,助"三育"并行

新闻不仅可以传递信息,同时还具有德育功能和人文价值。尤其是疫情大背景下,许多新闻中所报道的人或事都可以提供正能量和温暖。借由新闻的热度,增加作业的温度,希望学生在完成该系列任务时不仅可以巩固基础知识,提升能力,还能使自己成为一个勇于探究、乐学善学且具有审美情趣和社会责任感的人。

在《同心协力,一起守"沪"》一例中,以《人民日报》新闻中一张关于全国各地对上海支援情况的统计图为基础,结合本学期第四单元中《三位数的估算》的内容,让学生巩固估算相关知识,感受统计的现实意义,在守"沪"活动具体的数据和场景中感受到一方有难、八方支援的中国精神,增强学生的民族自豪感与国家认同感。在参与《小小"团长"》的活动中也培养了在遇到困难和解决困难的过程中不畏挫折的品质,并通过深入参与家庭活动,从生活点滴无声浸润孩子的道德观念。

居家生活可能存在困难,但身边涌现出的千千万万个平凡的勇士都是照亮前行之路的光。引导孩子关注身边的榜样,关注社会热点,从小培养主人翁意识,树立无私奉献的大局观念,亦是教育不可或缺的一环。当孩子透过一份份源自真实新闻的作业设计,在学习的同时感受浸润榜样的精神力量,正式迈出了面向世界的脚步。

除了德育,高度重视美育是时代发展和社会进步的必然。① 让学生有一双发现生活中的美的眼睛,引导他们学会感受美、欣赏美、表达美,从而才能创造美。在《观察"一个苹果"》中,通过启发学生通过各个角度去观察、思考与苹果相关的数学问题,唤醒他们心灵深处对美的敏锐和知觉,让他学会发现生活中的数学与美。在数学学习中除了引导学生感受数理逻辑的缜密和严谨所带来的力量美,引导他们发现生活中别样的美,发展其对幸福追求的能力,也算在某种程度上丰富了美育的内涵。

虽然此系列作业仍有很多需要反思和优化的地方,但这种基于智育、融入德育、辅以美育的有真实温度的作业是我之后会继续探索和研究的方向。

三、源头活水来于生活,常有温暖涌入教学

新闻中的信息和数据真实可靠、可读性强,从发展学生核心素养的角度出发,设计"新闻中的数学"系列作业,既可培养学生结合现实情境综合运用知识的能力,又能达到德育和美育的目的,同时还能让学生在生活中看见、在生活中思考的过程中感受到生活的温度。

(一)透过新闻,看见数学

新闻是一个观察生活的窗口,先借由热点新闻话题,激发学生兴趣,由兴趣引发的学习热情会让学生的学习如"生命"般自觉成长。让学生"看到"生活中的数学后,再引导学生"想到"用数学的思维方式去思考、"做到"用数学的语言表达,最后启发学生"感受"到数学和生活的美。

---

① 尹后庆.美育的时代意蕴[J].上海教育科研,2022,(01):1.

(二)实践探究,发展能力

重视数学实践活动是新课程标准的一大特色,实践型作业不仅要动手,更重要的是要学会动口、动脑,还要学会整合多种学习资源,使学生经历从实际问题抽象出数学问题,建立数学模型,综合运用已有知识解决问题并预测事物发展过程,逐步体会数学的价值。因此在选用新闻材料创编作业时,应该遵循以下几个原则:

第一,目标导向原则。从新闻中获得灵感后,首先要明确作业设计的意图与作业目标,思考:这则新闻可以串联课内所学的哪些知识?可以培养哪些学科核心素养?能否与其他学科、生活实际构建联系?是否帮助学生逐步理解探索真实情境中蕴含的数学关系?如何渗透德育与美育思想?

第二,坚持问题导向原则。"新闻中的数学"坚持从现实新闻中发现生活中的问题,通过解决现实问题,为学生提供一种认识与研究现实世界的观察方法、理解与解释世界的思考方式、描述与交流现实世界的表达方式。拒绝空洞悬浮的作业设计,引导学生获得未来生活实践中所必需的数学基础知识、基本技能、基本思想、基本活动经验,从而激发学生对数学的好奇心,了解数学的价值,养成理性探索世界的积极热情。

第三,创新性原则。对于低年级的学生来说,激发学生对数学的学习兴趣并建立正确的自我认识是至关重要的,因此应该从作业形式、作业内容及作业评价等多个方面进行创新性思考。作业形式可以根据内容从单一的书写调整为口头汇报、画图展示、小组合作、活动设计等;作业内容可以鼓励学生参与创作,锻炼他们从日常生活中发现和提出数学问题的能力;作业评价方式应该从教师的单一评价转化为综合学生自评、生生互评、家长评价及教师评价的多维评价方式。网课期间可以利用问卷星、投票器等工具引导生生互评和家长评价及家长互评,教师的评价也可以从"优良中差"或简单粗暴的分数点评改变成不同方面的鼓励和评价,以维持学生的参与热情。

(三)感受温暖,与爱同行

心理学家卡尔·荣格说过,对于成长中的植物和孩子的心灵来说,温暖才是最重要的。对教师而言,富有激情的课堂可以给予温暖;温柔的教导可以给予温暖;那些潜移默化对学生产生的长久、正面的影响,更是一种持续的温暖。为了响应"双减"政策,落实新课标理念,探索德智美融合的创新型作业,笔者尝试从新闻中汲取灵感,创编了"新闻中的数学"系列阅读作业,希望可以在疫情期间为学生们的作业注入一点别样的温暖。

李梦竹说,给学生以温暖应该成为我们教育者的第一要务和教育自觉。[1] 的确,用一颗温暖的心去给予学生温暖和希望,让我感受到了希望和温暖的双向性、可传递性与可再生性,因为在教育教学过程中,每当我饱含激情地去创造、去给予、去爱,都会收获到令我惊喜的希望和温暖。

---

[1] 李梦竹.教育应为"温暖"而行[D].银川:宁夏大学,2016.

5. 看见人·看见光

——"云阅读"勾画行走地图

上海市浦东新区泥城小学　夏莹玉

苏霍姆林斯基说,一个人在中小学时期读过哪些书,书籍就会在他的心灵里留下什么痕迹。阅读决定着人的世界观、价值观、人生观的形成。我们每个人都有自己的童年,在这一期间所接触到的人、事、物会直接影响一个人的成长,而其中阅读对我们的影响最大。

新冠疫情期间,孩子们开始了空中课堂的教学模式,我们再一次在云端相见。一直很喜欢这样一句话:你我兵分两路,然后在顶端相见。宅家教学的这段时间里,我一直在思考:在我和学生兵分多条网线之时,如何让云端变为顶端?我选择了"云阅读"的模式勾画孩子们的行走地图,让孩子们不出家门也能感受到这个世界的美好。利用每天午间的一个小时,和大家进行午睡前的"云阅读"交流,以下是我整理的一系列"云阅读"小故事。

故事1　一张"网"带来的改变

《义务教育语文课程标准》(简称《课程标准》)为小学语文教学的整体改革,指明了新的航向,也引领我们提升了作业设计理念。新课程中作业的设计应是开放的,应努力实现课内外联系、校内外沟通、学科间融合,让作业成为孩子巩固知识、快乐实践、勇于创新的园地,成为培养和发展学生能力的一座桥梁。《课程标准》在1—2年级学段阅读部分的目标内容中提出:阅读浅近的童话、寓言、故事,向往美好的情境,关心自然和生命,对感兴趣的人物和事件有自己的感受和想法,并乐于与人交流。

我和孩子们第一天云端相见的那个午间,看着摄像头面前一张张小脸,突然意识到云端的这张"网"带来的改变也可以是美好的。那天我们一起来到了美国作家E.B.怀特笔下的谷仓里,用阅读教学方法中的提问法一起探索《夏洛的网》,以问题为中心,通过我与孩子们的对话和讨论,促使孩子定向思考,注意梳理故事内容的重点与难点,培养孩子积极主动分析问题和解决问题的能力,发展他们的思维能力;促使孩子们在问答和讨论中,提高表达能力,增强应变能力;有利于及时反馈教与学的信息,融合课堂气氛,增进师生感情。

一、讲述—倾听—交流,发现学生阅读潜意识的力量

1. 发现问题,生生互动,激发学生的阅读好奇心和主动性

讲述完故事,小葛同学突然发问:这是两个动物的故事,是关于蜘蛛夏洛和小猪威尔伯的故事,为什么会出现人呢?我选择了沉默,故意把这个问题默认抛给了其他学生。同龄人之间聊天式的互问互答,更能够激发孩子的学习主动性。很快A同学就说:如果没有人,那它们就只是蜘蛛和小猪,是人类弗恩给他们取了名字叫夏洛和威尔伯。

2. 寻找答案,逐一突破,引导学生课内阅读技能迁移

"威尔伯配得上蜘蛛夏洛给它织的网上文字吗?"当我提出这个问题的时候,小施同学很大声地说"配!",随后一大片学生附和着说配,而当我询问其中一位学生"为什么你觉得配"时,他却支支吾吾。我才意识到很多时候孩子们只是盲目地跟从,并没有自己思考的过程。于是我选择启发式切入,先引导学生找出夏洛为了救威尔伯织的文字。刚才的那位同学很快便找到了"王牌猪、了不起、光彩照人、谦卑"等词语。再让学生们找一找哪些地方可以体现威尔伯的这些特点,学生们找到相关句子后我称赞其善于发现,但

光找到句子显然是不够的,有些孩子学会课文中学过的方法"抓住关键词、句"分析人物特点,我称赞其善于思考,懂得将课内阅读技能迁移至课外。至此,孩子们发现威尔伯的确配得上这些文字。

3. 情感升华,能力提升,促进学生观察生活、感悟生活

谁是你的夏洛,你又是谁的夏洛?当我抛出这个问题的时候,孩子们并没有像之前争先恐后地举手回答。于是我给他们朗诵了一首龚自珍的《己亥杂诗(其五)》,并重点解释了其中"落红不是无情物,化作春泥更护花"的意思。这时,有位孩子小声地说了句:花和泥土做了彼此的夏洛。我得到了自己心中的答案,很是欣喜。然而,接下来小奚同学的发言竟给了我更大的惊喜,他说我们同学之间应该彼此做对方的夏洛,彼此创造生命中的一种新可能。很难想象这是一个一年级孩子说出来的话,此时此刻他成了我的夏洛,这是一件了不起的事情。这样的友情不仅有温情,还有力量。最后我给孩子们做总结:让我们带着问题进入梦乡,想一想谁是我的夏洛,我又可以做谁的夏洛呢?把这个问号留在心里。

故事2 经验总结

在"云阅读"《夏洛的网》的过程中,我发现孩子们无法从题材、主题、人物、情节、语言、结构等方面去分析童话,但这并不妨碍他们对童话的欣赏。老师在讲述完故事后,要学会倾听孩子们的问题,并给其足够的空间进行交流和思考。在交流过程中激发学生阅读的好奇心和主动性,及时发现问题并以自由的方式寻找答案,在这一过程中得到知识技能的迁移,在迁移中自然得到情感的升华,这样的自主观察方式能够使其更深刻地感悟生活。学生带着问题阅读,想从书中获得什么?解决什么问题?明确阅读目的后,更快地在书中搜寻答案,提高阅读效率。低年级的孩子把握故事依靠的是直觉,所谓直觉就是接触故事的第一感觉、第一想法、第一体验,它调动的是阅

读者的审美直觉力,是不经过头脑周密思考而获得的一种艺术的感觉。就像在这次教学中很多孩子的回答足以惊艳到我,其实对学生而言,记住故事本身要比记住一个干巴巴的道理更有价值。对低年级的学生来说,我认为让故事给学生留下鲜明的形象就是大大的成功,通过启发引导式的提问法,让孩子对这一形象加深印象,形象的力量在于对未来的潜在理解。过度的解释往往显得苍白无力,而通过学生潜意识自我形成的认知更有力量。我想用这样的方式成为学生的夏洛,而在云阅读的过程中我们不知不觉成为彼此的夏洛,那便是足够了。

故事3 一颗"星"的光辉

《课程标准》中关于阅读教学指出:阅读是学生的个性化行为。阅读教学应引导学生钻研文本,在主动积极的思维和情感中,加深理解和体验,有所感悟和思考,受到情感熏陶,获得思想启迪,享受审美乐趣。

在第二次的"云阅读"中,我们跟随法国作家安东尼·德·圣埃克苏佩里从小王子的星球来到地球,进行一场太空漫游。我采用了阅读教学方法中的比较法,在教学过程中,为了达到教学效果,我给孩子们打开了星空灯,营造出真空状态下寂静无声的氛围,创设了与教学内容相适应的具体氛围,这样有助于孩子能正确而迅速地理解《小王子》的内容,能够培养学生的参与意识,激发学习主动性;能拓展学生的思路,加深其对事物和语言的理解和认识;能培养学生的联想、综合、辨析、归纳等方面的能力,使学生由此及彼,促成其对知识与技能的迁移,提高其解决问题的能力。利用一个周末的时间,我和孩子们相约一起做读书摘抄并分享。

二、注意—识别—回应，记录学生阅读输出的风暴时刻

1. 准备前期：推进"云上读书小组"，实现生生之间的自主、自由互动

在"导师制"下一对一私聊孩子们时，A同学说我想念班上的B同学，想念老师，我们什么时候可以重新回到校园？这不仅仅是一个孩子的疑惑和不安，更是整座城市眼下最想解决的问题。如何缓解孩子们的焦虑，减少他们心中线上与线下的不同呢？于是我选择招募"云伙伴"的形式让孩子们组成"云上读书小组"，并且制定了"星星评价表"，一个小组中需要有同学收集好词好句、摘录到摘抄本上、排版美化、代表小组汇报，四个部分达到一致好评时可得四颗星。大部分孩子们对于许久未见的小伙伴都充满了热情，争先恐后地组团，然而一个集体中总有几个内向的孩子被剩下。于是我马上改变策略，哪个小组能够主动邀请落单的同学，可额外奖励一颗星。内向的孩子总要有表现的机会才有被看见的可能。低年级孩子之间的友谊很简单：只要你有一方面比我强，那我们就可以成为朋友。那种单纯的小崇拜都来源于老师给予的机会和肯定。很快，落单的孩子们被班上几个好胜心强的孩子给邀请吸纳进各自的小组，看着大群里孩子们叽叽喳喳地讨论着成员，再到建立起一个个小分队成立"云上读书小组"，给小组取名字，人员分工安排等，我仿佛又看到了那个吵得乱成一团但又令人无比渴望的小教室。用一个孩子的话说，我仿佛去最好的小伙伴家里做客一样。推进"云上读书小组"的这一过程，真正让每一个学生都参与到这种自主、自由互动式的情境中，有效促进学生良好的社会性情绪发展；培养学生各方面学习能力的同时关注到每一个个体，有利于维护个体身心健康，提高学生学习品质。

2. 过程分享：开展"云投票""云汇报"，提升学生个性化表达的活力

一天后，我们相约开始汇报，在那之前我们进行了几轮匿名"云投票"。

第一轮"云投票"是有关"对你感触颇深的几句句子",投票结果发现孩子们的世界里这些句子都对他们有着很深的意义,共性很明确。第二轮进行"最佳排版美化"的云投票,投票结果令人意外但又在情理之中,获胜的前三个小组中均有那几位内向的孩子。第三轮的"云投票"当然是选出"你心中的最佳表演奖",很显然这一轮表现欲强的孩子获胜。

三轮"云投票"结束后,我邀请了前三名获胜的小组上麦分享。一位内向的同学出乎意料地按了举手键,她说很喜欢这次活动的原因是每个人都是独立的个体,任何时候都能在自己最舒适的领域闪闪发亮,也能在所有发亮的星星里面去寻找吸引自己的那颗星星。那时的她眼睛里是有星星的。和她一队负责汇报的队长举手:小周同学的排版美工使平时看上去枯燥的文字变得更生动了,她平时有做手账的好习惯,喜欢收集贴纸胶带等,她还给小王子的探险路径画了幅地图,我们仿佛走出家门跟着一起探险了!这样的摘抄本真的是棒极了!还有还有!小施同学的字十分隽秀。听完我不禁发问:你们小组为什么会吸纳这两位平时较为内向的同学呢?队长突然扭捏:一开始是因为额外奖励制度,想比其他组多得一颗星,但是后来他们的表现让我佩服不已,我们从一开始的陌生到现在慢慢熟悉,已经成为好朋友啦!这一刻孩子们成为彼此的星星。我很高兴内向的星星们找到了属于自己发光的领域,也让那些本就闪闪发光的星星们注意到了身边的伙伴。这次的"云上读书小组"调动了学生的智力因素和非智力因素。品读小王子周游各星球的故事,你会发现它对成人世界的讽刺。品读小王子和狐狸、玫瑰花的故事,你会感受到爱与被爱。品读小王子与飞行员的故事,你会感受到孤独,也会感受到温暖。

3. 活动反思:满足在线学习需求,丰富社会性情感

这次的"云上读书小组"最强而有力的阅读效果是"输出",通过云摘抄的方式了解学习者的吸收率,验证美国学习科研小组的"学习金字塔"理论。

我们日常学习中,听讲、阅读、视听和示范都属于被动学习,学习吸收率分别为5%、10%、20%和30%。而小组讨论、实际演练和教授给他人,则为主动学习,学习吸收率分别为50%、75%和90%。数据显示教授给他人的这一主动学习行为的吸收率最高。在本次活动中,云摘抄的合作学习方式成功激发了每位学生的阅读主动性,以合作汇报的教授他人形式,在这一形成过程中吸收率要比先前学生"闭门造车"式独自书面摘抄和教师简单批注的吸收率更高。但在学生自由教授他人,关注学生阅读输出吸收率,满足其在线学习需求的同时,更不能忽略学生对于社会性情感的需求。这就需要教师关注到每一个个体,并且利用教学机智适时改变评价制度、完善活动方案、提高学生学习基础素养和学习自主权,从而使学生能够最大化地进行有效阅读输出。

故事4　经验总结

从一开始的星空灯,营造特定的童话神奇情境,激发孩子们的阅读兴趣。让孩子在疫情期间上网课做到自律很难,所以我选择用星空投影这样的多功能技术抓住孩子的眼球。再引导孩子们项目化合作学习,在这过程中灵活运用教学机智,根据内向学生的实际情况改变星星评价制度,孩子们分工明确,根据每位孩子的不同能力,老师由扶到放,加多少台阶(云评价、云分工)、搭多少个支架(云投票、云汇报)让孩子们能充分发挥自身所长并融合在一起,完成一次出色的"云上摘抄作业",不仅拉近了班级同学的距离,更给疫情期间增添了课堂归属感。在准备前期,推进"云上读书小组",实现生生之间的自主、自由互动。准备过程中,开展"云投票""云汇报",提升学生个性化表达的能力。孩子们在阅读《小王子》这本书的同时,也通过这样特殊的"云合作"潜移默化间真正领悟到了书中的真谛。满足在线学习需求,丰富社会性情感需求。知识的传递应该是有温度的,让孩子们在做中学、学中做、学中悟。与此同时,让课堂不论是现实还是线上,都能唤醒孩子们的生命力,达到最大化输出的阅读效果。

故事5 一根金箍棒的威力

《义务教育语文课程标准》中关于阅读教学指出:各个学段的教学都要重视朗读。各学段关于朗读的目标中都要求"有感情地朗读",这是指要让学生在朗读中通过品味语言,体会作者及其作品的情感态度,学习用恰当的语气语调朗读,表现自己对作者及其作品情感态度的理解。

三、感知—模仿—想象,探索学生阅读迁移的精神世界

1."云配音"之分角色朗读,分析人物形象,养成良好阅读习惯

疫情期间在一次电话家访中,很多家长反映孩子和他们相处时较为沉默。平时家长工作忙,无暇长时间顾及孩子。说句实话,老师才是孩子们相处时间最长的人。这次的居家让家长和孩子们朝夕相处,但是家长和孩子一时间不知从何入手,显得生疏。面对这样的状况,我选择一次别开生面的"云阅读",让爸爸妈妈也参与到我们的行走之旅中。正巧部编版一年级下册第七单元语文园地节选了一篇《孙悟空打妖怪》,这是一首诗歌,孩子们读上去朗朗上口,富有节奏,读完都纷纷表示自己看过《西游记》。低年级的小朋友总是对这样的神话故事充满兴趣,于是我给孩子们挑选了《西游记》中的《孙悟空三打白骨精》,采用"云配音"的模式邀请孩子和爸爸妈妈们进行"分角色表演",在人员分配不均的情况下可以选择一人分饰多角。小顾同学的爸爸妈妈是抗疫一线人员,家里只有爷爷奶奶,我便主动申请加入他的小组。我和小顾同学先分配好角色,小顾的爷爷还特地找来了86版的《西游记》电视剧,我们根据电视剧中人物的动作和神情,再对照着书中的人物

语言,一遍遍地体会人物心情。在"云配音"的过程中,孩子的声音较为稚嫩,无法给书中的剧情配上合适的声音,但我们不怕,声音不够,戏感和表情来凑。看着镜头前的小顾同学眉毛上扬,一板一眼地挥动着奶奶给他做的"金箍棒",班上的每个家庭都为之喝彩。这一刻,孩子暂时忘记了对爸爸妈妈的思念,沉浸在这根金箍棒的魅力中。

我采用阅读教学方法中的情境法和朗诵法,在"云阅读"《孙悟空三打白骨精》时,为了让学生学会抓住书中关键词句,梳理关键信息(动作、神态等)体会人物心情,理解作者吴承恩塑造的人物形象特点,创设了与西游记神话故事背景相一致的道具、场景等,帮助学生正确而迅速地理解教学内容,能使学生在特定的情境中感知、理解,缩短认识的时间,提高教学效率;能调动学生的智力因素和非智力因素,情知对称,实现教书育人的统一;能寓教于乐,满足学生学习中的情感需要,促成学生乐学。

2. 组建"云上西游取经团队",想象迁移,提高阅读思维

"假如让你组建一支'西游取经团队',你会选择身边的哪些人同往,为什么?"孩子们的答案五花八门。

小A同学说她要找医护人员一起取经,理由是万一路上遇到了新冠病毒,医护人员还可以实时给他们做核酸保障身体健康。小A的爸爸在一旁说:没错,医护人员十分辛苦,所以我们要配合他们做核酸。看来,2022年的这个春天成了孩子们生命中最难忘的一段岁月。家长和孩子们一起看到了医务人员夜以继日奋战抗疫一线,汗水湿透了白袍,这次的疫情就是一场漫长的取经之路。书中的观音就像医护人员,孙悟空一行人有不适时,观音就会取出甘露水为其救治。

小B同学表示她要找热心肠、有担当的人一同前往取经,这样即使遇到困难也可以互相帮助、共同克服。小C同学说:这类人我们称之为志愿者。听到"志愿者"这个词语,同学们叽叽喳喳开始讨论,今天志愿者阿姨们给家里送来了生活物资:鸡蛋、牛奶、大米等。孩子们一下子沸腾起来。孩子们看到了无数志愿者挺身而出,任劳任怨地为大家忙碌着,其中就有我们班许多同学的爸爸妈妈。书中的土地公就像是一个个志愿者,虽然平凡,但微光成炬。

小C同学说他想让全中国的人一同前往取经,因为人多力量大。孩子们说看到新闻里报道:全国各地一批又一批的人力和物力在源源不断地支援着上海,这让他们心中充满了安全感。这就像书中的天兵天将,孙悟空遇到危险去请天兵天将一同降妖除魔,一方有难八方支援。

听完孩子和家长们的讨论,我很高兴这些可爱的孩子们在居家的这段时间里,能够在"云阅读"中结合生活实际,看到了这么多的美好。

经验总结:在新冠疫情这样的大环境下,我采用"云阅读"的方式,利用阅读教学方法中的提问法、情境法和比较法,开展"云互动"的方式由孩子之间进行你问我答环节,养成孩子独立思考的习惯,并学会大胆提出质疑。从一张"网"的改变之中成为彼此的夏洛,而这张无形的"网"也正顺应了疫情期间顺着网线成为云上伙伴的师与生。通过师讲述、生倾听、生交流,发现学生阅读潜意识的力量。学生自主发现问题,生与生之间互问互答,激发学生阅读好奇心和主动性。学生合作寻找答案、逐一突破,引导学生课内阅读技能迁移。阅读过程中情感升华、能力提升,促进学生观察生活、感悟生活。在学生自由组合"云上摘抄小组",采用项目化学习的方式,利用问题驱动激发孩子的"云阅读"兴趣,在这一过程中利用教学评价机制进行了"云投票"环节,让孩子们直观地感受大数据的魅力。通过师注意、生识别、生回应,记录学生阅读输出的风暴时刻。在准备前期,推进云上读书小组,实现生生之间的自主、自由互动。过程分享环节,开展"云投票、云汇报",提升学生个性化表达的能力。在"云上摘抄小组"合作磨合的过程中,让性格开朗和社交恐惧的孩子组合在一起,使看不见的被看见,在各自擅长的领域里做属于自己的星,也应和了小王子中每颗星星都能找到属于自己的光芒。满足在线学习需求,丰富社会性情感需求。真正做到了生与生之间兵分两路,最后在顶端相见。结合导师制的一对一家访,模仿小朋友们喜闻乐见的综艺节目,进行一场精彩纷呈的"云配音",邀请家长与学生之间进行互动,学生的神情动作和家长精心准备的道具完美结合,充分揣摩分析《西游记》中的人物形象,学会抓住阅读中的关键信息,注意细节,养成良好的阅读习惯。与此同时,减少了家长与孩子之间的隔阂,有机做到家校共育。在"云想象"中组建属于自己的西游取经团队,孩子们能够抓住书中的关键剧情,找到自己感兴趣的部分结合自己疫情期间听到的、看到的美好人事,灵活运用进想象之中,促进学生主动获取知识,并利于运用和迁移,提高学生的阅读思维。让"云阅读"带着孩子行走在编织有夏洛的网的农庄里,跟着小王子一起探索于每个星球之间,和孙悟空一行人度过重重难关西天取经,结合生活实际勾画属于自己的行走地图,让他们进行一场说走就走的"云旅行"。生活即教育,要知道成长的本身是灵动的,阅读是成长中最好的老师之一。

6. 用温暖的心共助幼儿成长
——在"改造图书角"中支持与引导幼儿问题解决

上海市浦东新区园西幼儿园　沈　蓉

生活中,问题从来不少出现。同样,在幼儿的生活中,也随时随地会出现各种问题。虽然幼儿解决问题的能力各不相同,但在这个阶段却是引导幼儿在发现、解决问题中学习成长的好时机。在和幼儿一起的生活学习中,教师基于关键经验捕捉幼儿的兴趣与需求,发现支持有意义的学习、探究点,耐心地尊重和包容幼儿,把问题解决的过程交给幼儿,用多元的方式支持、温暖幼儿,有意识地引导、推进幼儿自主发现问题、探寻解决问题,收获成长的快乐。

一、接纳幼儿的问题,激发幼儿解决问题的信心

图书角里,随着图书数量增多,问题便随之而来:好多书都堆在一起,有的孩子在找自己想要看的书,花了好长时间都没找到;有的孩子在归还书的时候犯了难:"这本书要放到哪里?"久而久之,图书角的图书开始被幼儿随意放置。

2021年9月28日:图书角的第一次变化……

面对图书角乱糟糟的现象,孩子们开始了讨论:"这么多图书,一个柜子放不下。"有的孩子提议:"再多几个书架就好了。"这时大家环顾了一下教室,宸宸指着"娃娃家"里的几个柜子说:"把这几个柜子搬过来吧。"大家都纷纷点头,于是宸宸走到矮的柜子前说:"六六,我们一起搬这个,你搬前

面。"说着,六六抬起了柜子的前端,宸宸抬着后面,两个人走一步停一停,一小步一小步地将矮柜移动到了图书角里。接着他们两人走到了高柜子面前,抬了一下没有抬起,都皱了皱眉头,发出了求助:"沈老师,这个我们搬不动。你帮我们一起搬吧。"就这样两个柜子都搬进了图书角。

(一)我们的思考

我们可以发现,中班的孩子开始关注起了自己周边的生活环境,生活经验开始渗透。在宸宸的语言中,"这么多的图书,一个柜子不够"能够感受到他不仅对这么多的图书提出了问题,也开始了自己的思考。尤其从他和六六搬动柜子的行动中,可以观察到他解决问题时,对周围环境和事物的观察能力都比较强,大家也能在他的带领下共同行动。

(二)教师的支持策略:捕捉关键经验,推进问题发现

幼儿在一日生活中关注的内容很多,需要教师从关键经验的角度来观察幼儿并进行捕捉、分析和判断。正如我们发现了孩子们每天与教室里的柜子互动密切,每一个角落都有孩子们参与的脚印。但是每次互动之后,问题也随之而来,其中图书角的问题最明显,这引起了教师的关注,图书角出现了如何收纳整理的问题。

当教师观察到图书角的问题后,首先选择接纳这些问题,立足幼儿的视角思考:幼儿的关注点是否能引发深度探索、幼儿的个别差异如何激发深度探究。接着帮助幼儿聚焦到图书角的问题,有意识地引导幼儿自己发现图书收纳凌乱的问题,触发幼儿对图书整理问题的积极思考,并尝试探寻解决图书增多却无处放置的最好方法,建立自主解决问题的信心。

二、允许幼儿的想法,守望支持幼儿探究式解决问题

孩子们时不时会围绕"图书放进柜子"的问题展开讨论。

2021年9月28日:图书角的第二次变化……

六六指着图书角说:"书就是太乱了。"宸宸拍了拍六六说:"没有放整齐,所以就乱了。"我问:"那怎么才能让这些书不乱呢?"宸宸举起手说:"可以把书整理一下。"六六说:"对的,我们就是要整理一下。"我追问:"那有什么好办法把这么多的书整理好?"宸宸看了眼图书角,转过头来说:"竖着放书会倒下,把书都平着放。"六六不同意地摇摇头说:"躺着放只能看到最上面的书,不知道下面是什么书了。"

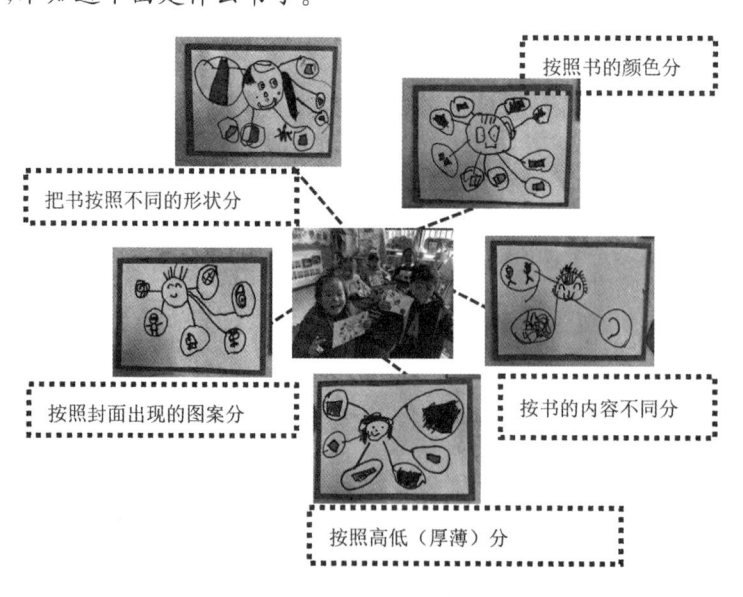

按照书的颜色分

把书按照不同的形状分

按照封面出现的图案分

按书的内容不同分

按照高低(厚薄)分

图1 整理图书的计划书

这个时候宸宸说:"这些书有的大,有的小,可以根据大小分一分。"旁边的孩子也开始发出声音,有的说:"可以把图案一样的放一起。"有的说:"可以把颜色一样的放一起。"……大家你一句我一句,讨论起了整理图书的计

划书。孩子们边说边纷纷用图画的形式记录下自己的想法,于是整理计划诞生了。

(一)我们的思考

在观察中,六六和宸宸对问题的敏感度、对事物的探究兴趣都较高,所以当如何整理的问题一出现,六六在参与讨论中能够发现问题,并提出质疑,而宸宸在接收到六六的质疑后,也能马上转变思维,通过对书本的最明显的特点提出了自己的想法,同时也起到了同伴间的互动作用,在生生互动中迸发出了更多的整理想法。

通过孩子们的这一表现,可以了解到他们主要缺乏生活中整理物品的经验、没有掌握整理图书的方法,在他们关于怎么放书的交流中可以看出孩子们虽然开始有"理"的意识,但对"整理"这个词并没有完全地理解,教师分析了幼儿整理图书的经验的生长过程,对幼儿进行了问题推进,以点连线的方式引发幼儿的追问和探索,让孩子们之间交流互动、主动追问,助力共同解决问题。

(二)教师的支持策略:创设适宜空间,引发自主思考

在图书整理的初期,教师要给予幼儿空间,尝试换位思考,试着退后去了解幼儿表现行为背后的原因,理解幼儿为什么这样想、这么说、这样做,通过观察了解幼儿的行为,追随幼儿对图书特征的热点讨论,肯定幼儿的建议,通过问题刺激法,引导他们将讨论的图书分类的方法梳理出来,丰富幼儿的关键经验,助推幼儿将抽象的整理想法落实到具体的实践操作中,支持幼儿每一次体验中的"微妙"进步,帮助幼儿发现、超越问题的制高点。

三、给予幼儿尝试机会,鼓励幼儿在失败中寻找出口

经过讨论,孩子们对如何整理这么多的图书有了自己的计划,于是大家分组进行了尝试。

2021 年 10 月 18 日:图书角的第三次变化……

表1 图书角的第三次变化

整理计划	孩子们的行动	成效
(按颜色)	子玲、莹莹和希希选择了按颜色整理。三个人先把书一本一本铺在了桌子上,子玲围着桌子走了一圈,看了眼说:"这样不行,书封面的颜色太多了,不能分。"莹莹看了看子玲,点了点头,发出了求救声:"老师,封面颜色太多,怎么分呀?"听到她的呼唤,我鼓励她们:"不再试试吗?也许就成功了。"试试找找封面上最明显的颜色。于是他们再次接受挑战,但最后因为封面颜色太多无法统一意见,再次放弃了分类。	失败
(按图案)	宸宸、米豆和曦曦决定通过封面上出现的人物来分,刚开始一样的图书他们成功了,宸宸一边笑着一边自言自语地说:"这些书,分好了。"一旁的米豆看到了宸宸的成功,也像他一样寻找起来,可是找了很久他也没有找到相同的封面,三个人渐渐地发现相同人物的封面也没有了,最终一起停了下来。	失败

(续　表)

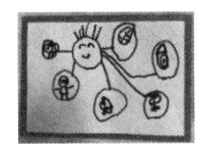

整理计划	孩子们的行动	成效
（按大小）	六六、心彦和森森尝试把图书进行大小分类，森森拿着书皱着眉头对旁边的心彦说："太难了吧。"这时，六六拿着书一本一本叠在一起比画着，又一本本摊平在桌子上，自信满满地说："我觉得我们能成功。"心彦和森森照着六六的方法开始整理，时不时地自言自语道："这两本书都是方形的，也可以放一起。""这两本都不一样，没法放了。"说着心彦把手里的两本书给了六六，六六接过书对小伙伴说："我要试试。"最后三个人把不一样的都分出来，再一本一本比，慢慢地书本的整理开始初具规模了。	成功

(一)我们的思考

在小组尝试的过程中，第一小组中有一位孩子提出"封面的颜色太多了，不能分"的疑问后，同组的孩子已经产生了放弃的念头，但得到老师的鼓励之后，他们仍然能够再试一试。而第二小组的孩子在看到了同伴先整理相同的图书成功后，得到了鼓舞，信心满满地投入整理中。虽然最终两组都未成功，但他们在遇到困难时，得到鼓励仍然能继续进行活动。

面对前两组的失败，挑战最大、压力最大的是第三小组，有的孩子一开始就出现了畏难的心理变化，而同组中的六六身上却有着和其他孩子不一样的地方，他在整个过程中都不断地自言自语，一边嘴里说着"我来试试"给予自己心理暗示，一边也给了同伴鼓励，不轻易放弃，直到任务完成。

最后大家发现按大小分类的方法是最适合的，在尝试的过程中也积累了整理的方法。幼儿也开始向着能分类收拾整理好自己使用的物品发展了。

(二)教师的支持策略:伺机引导探究,生成递进经验

在幼儿探究的过程中,教师要做一个等待者,尊重不同幼儿解决问题的方式,尊重幼儿选择自己认为可行的图书整理方法,给予幼儿足够的空间和时间,让幼儿在摸索、尝试中发现问题;在幼儿整理遇到困难的时候,鼓励不同能力的幼儿坚持尝试、增进解决问题的信心,同时引导每位幼儿根据自己对图书特点的理解去分析分类整理的问题,并运用和迁移已有的生活经验去解决问题,逐步引导幼儿通过思考,自主解决问题,寻找成功的出口。

四、肯定幼儿的方式,相信幼儿解决问题的能力

孩子们经过尝试,发现了几种有效的整理图书的方法。

2021 年 10 月 25 日:图书角的第四次变化……

表 2　图书角的第四次变化

问题	孩子的行动	解决方法
问题一:书柜里的图书总是东倒西歪,怎么办?	孩子们回家和爸爸妈妈一起进行了图书收纳的调查,收集了适合的收纳工具,带到幼儿园里进行尝试。莹莹说:"我在书房里了找到了几个纸盒,妈妈用它放书的。"宸宸说:"我和妈妈上网找到了书架,书不会倒。" 在放置图书之前,孩子们对收纳盒进行了观察,发现了收纳盒的不同大小,莹莹说:"大的书全部放在大盒子里。小的放在小盒子里吧。"于是莹莹试着去把大的书放在了书架里,结果还余下了许多大的书,宸宸说:"那我们就把小的放在大的盒子里,这样可以看到封面,大的书排整齐直接放在书柜里吧。"	小盒子里放竖着的图书。 大盒子里的图书可以露出封面哦。 方法一:大小盒子巧收纳

(续　表)

问题	孩子的行动	解决方法
问题二：如何找到自己想看的图书？	图书都住进了书柜,可是在实际看书的过程中,还是有很多孩子会遇到问题:看完书后,却忘了书原来的位置。教师提问:"大家还可以想想,怎么样能让每个小朋友都知道这里放的是什么书呢?"六六立马说:"可以给它们做个标记,把玩的书放在一起。"接下来我们就开始了区分图书的类型,孩子们把能翻动的书取名为"可以玩的书",把百科全书取名为"变聪明的书",把图片漂亮的故事书取名为"好看的书"。	方法二:小小标识真有用

(一)我们的思考

在解决"如何不让书柜里的图书倒下"这一问题的交流中可以看出宸宸很乐意分享自己的调查结果。使用收纳工具的实践中,宸宸的行动比较靠前,当莹莹出现剩余图书的问题时,他主动把自己的想法表达出来,并赋予行动。这一点可以看出宸宸对自己感兴趣的问题能主动追问和探索。

在日常的生活中,拿取图书的问题也再次出现。六六在老师的问题引导下,立刻想到了给图书做标记,从幼儿给图书分类取名字可以了解到他们对图书的种类有自己的想法,也有更直白的名称,他们逐渐细化了图书的分类。

经过大家的努力,图书角从原先的混乱到整齐又干净,孩子们也在整理的过程中发现:整理看似简单,其实里面有着很多小奥秘,需要在不断尝试与调整中拓展思维,积累经验。

(二)教师的支持策略:尝试经验迁移,收获多样方法

教师在幼儿解决问题的过程中也需要意识到幼儿在积累整理方法上的需求,在整理图书的过程中教师就借助了家园互动、调查问卷的形式帮助幼儿拓展生活中的整理经验,借助了标识制作的方式支持幼儿完善整理的方法。通过多途径、多渠道收集不同的整理方法,引导幼儿尝试将日常生活中的整理经验迁移到图书的收纳整理中,收获多样的整理图书的方法。

五、静待花开,与幼儿共同收获温暖成长

教师是幼儿成长中的阳光雨露,指引幼儿成长的方向,收获幼儿自主解决问题的喜悦。在解决图书角的整理问题中,我也不断地收获着、成长着。

第一,基于儿童立场,锁定问题助力体验。儿童立场的问题解决,是让幼儿在真实的问题情境中为逐步解决问题、达到成功而自主参与的过程。当问题出现时,就需要教师在活动中聆听幼儿的声音,理解幼儿的兴趣与需求,对幼儿感兴趣的众多问题做出价值判断,确立其中有价值的、可探究的问题作为需解决的问题对象,推进、支持幼儿的发展。在实录中,教师对幼儿在图书整理方面表现出的好奇追问、收拾整理的困惑,通过观察与分析,教师从幼儿的众多问题中捕捉到了"如何整理"的问题,这个问题是幼儿近期在园生活中出现频率较高的,同时教师心中也明白要解决这个问题需要探究问题产生的原因,收集生活经验,发挥想象力,于是在幼儿当前的需求下,确立了"改造图书角"的问题进行引导与支持。与此同时在真实、开放、探究的特点下,将其作为共同解决的问题,也能更好地推进幼儿自主能力的发展。

第二,把握关键经验,关注细节科学分析。关键经验是指幼儿在所处年

龄段应有的、必要的经验。在日常活动中，幼儿的行为表现各有不同。教师要以幼儿的视角来观察，准确把握幼儿在活动中的行为表现与幼儿发展的关系，敏锐地观察到种种不同变化并且做到理性正确地分析，正如幼儿在发现图书角中的柜子无法满足当前图书的数量时，便开始搬动教室里的柜子，这时教师就要分析幼儿行为背后的原因，对幼儿来说他们的直观反应就是书架太少，才产生了搬柜子的行为。教师分析问题时要通过现象看本质，客观地分析儿童的特点、需求和问题，科学解释幼儿的发展状况及其背后的原因，引导幼儿向更高水平发展。

第三，提供多元支持，思维碰撞推进发展。教师在幼儿探究问题、解决问题的过程中，既是和幼儿一起的学习者，也是他们的教师。教师对幼儿的支持很关键，在这一过程中也需要根据幼儿的情况探究多元的支持策略。在"改造图书角"的过程中，教师意识到了幼儿在整理方法上的需求，首先捕捉关键经验，推进问题发现，引导孩子观察发现，敢于质疑。其次创设适宜空间，引发自主思考，对出现的问题提出自己的想法和建议，敢于挑战。再次伺机引导探究，生成递进经验，帮助幼儿梳理方法，敢于尝试。在尝试过程中，有成功也有失败，教师要允许失败，引导幼儿正面失败，乐于改变，再次尝试。最后尝试经验迁移，收获多样方法，鼓励幼儿多途径地收集方法，勇于尝试与调整。教师的多元支持策略不仅鼓励幼儿积极商讨解决，并引导幼儿从信息收集、分类、比较到问题解决进行及时梳理、调整，推动幼儿由低阶认知向高阶认识发展，以此提高了幼儿解决问题的能力。

捕捉幼儿已有经验，发现幼儿所需解决的问题，提供适切的支持，激励幼儿自主探究，收获最近发展区的高阶认知。教师就要在教育教学的实践中始终聚焦幼儿、接纳幼儿、放手自主，支撑他们健康成长，体验温暖的教育。

7. 双向奔赴的温暖

——儿童视角下主题墙环境创设的实践与思考

上海市浦东新区康桥第三幼儿园　沈艳薇

主题墙是班级环境的一部分，以往我们进行主题墙创设时，总会事先选定小主题，预设各个板块的内容，再选择调查表、幼儿绘画作品作为主题墙布置的元素，铺满整个墙面。面对满满当当的墙面，就认为主题墙的创设任务已经完成，不会再有进一步的思考与关注。

直到一次主题墙创设的开放活动，在一次次实践与调整的过程中，引发了我的思考"主题墙的内容由何而来？""主题墙创设的进程是如何推进的？"……让我对"如何创设儿童视角下的主题墙"有了新的感悟，也对主题墙的作用有了新的认识。

一、主题墙创设中教师"一厢情愿"的尴尬

我们年级组接到一项任务"以《我要上小学》为例，创设儿童视角下的主题墙"。起初我觉得这项任务并没有什么难度，想着只要以主题下的子主题来划分主题墙，让幼儿制作一些"精美"的作品，辅以照片，"填进"主题墙就完成了"儿童视角下主题墙"的创设。

跟往常一样，我习惯性地在主题书上寻找素材点，计划以"我的小书包""参观小学""小课堂""毕业时刻"四个小主题来开展。甚至用什么内容来"填满"主题墙都设想好，认为这样的主题墙一定能呈现不错的效果。

(一)出乎意料的"冷淡"

我迫不及待地设计了调查表"我的小书包",想孩子完成后尽快张贴上主题墙。下发之前我随意地问道:"你们知道小学生的书包里有什么吗?"竟无人接话,过会儿才有几声零星的回答"铅笔盒""有书和作业",一向幽默的小袁回道:"我们还没上小学,怎么可能知道。"当时的我并未觉得有何不妥,依然将其下发,令人尴尬的是第二天上交的调查表却寥寥无几。

(二)"自作主张"不如"换位思考"

正巧第二天园领导与我进行了沟通,听完我的方案后问道:"预设的内容,班级孩子有兴趣吗?"我一时语塞,想起寥寥无几的调查表,不知如何回答。

回顾自己在设计主题墙时没有去了解过孩子的想法与当前经验,想当然地认为主题墙就是根据子主题预设内容。小袁听似玩笑的话代表了他内心的"质疑",只是未引起我的重视,回收困难的调查表就证明了孩子们对此不感兴趣或是缺乏经验。看来"自作主张"决定的方案都是我一厢情愿!我若"站位儿童",了解他们当下"想什么""需要什么",是不是就能吸引他们参与主题墙创设的兴趣?

二、主题墙创设中幼儿从"冷淡"到"热情"的转变

陈鹤琴认为:"环境的布置也通过儿童的大脑和双手,通过儿童思想和双手所布置的环境可使他们更好地认识环境中的事物,也更加爱护。"我满腔热情的预设迎来幼儿冷淡的反应,正是因为预设过程中缺少"幼儿的思想",主题墙的创设不仅需要"幼儿的双手",更需要"幼儿的大脑",幼儿才是

主题墙的主人。

反思过后,我试图走近幼儿,开启了一场"冷淡"与"热情"的较量。倾听幼儿心声,支持幼儿在表达表现、亲身体验和感受中拓展对主题经验的理解。幼儿在积极响应的过程中,逐步缓解焦虑,对小学产生了积极正向的情感。

(一)倾听心声——了解幼儿的真实心境

孩子们内心的真实感受到底是怎么样的?带着这样的疑问,我们开启了下面的对话。

师:孩子们,你们想知道关于小学的什么事情?

幼1:小学的英语难不难?

幼2:我想知道小学的考试是怎么样的?

幼3:这个我也想知道。

幼4:小学生作业多不多?

幼5:小学的操场是怎么样的?老师会罚我去跑圈吗?

……

听着孩子们热闹地说着自己对小学的种种疑问,他们对小学的兴趣点与我的预设有很大出入,言语中也没有我想象中的对小学的向往。

震惊之余我又开启了第二个话题。

师:马上要成为一名小学生了,你们心里有什么想法吗?

幼1:小学作业做不完老师会不让我回家吗?

幼2:我担心考试考"0"分,我妈揍我。

幼3:我也担心考试不及格,回家"男女混合双打"。

幼4:我听说小学的作业很难。

幼5:我挺想上小学的,我字写得好,小学老师肯定会表扬我的。

……

孩子们你一言我一语,争相说着自己的想法,我初次感受到他们对"上小学"的热情,原来感兴趣的话题他们会讨论得如此热烈。之后我还发起了一个投票,了解全班孩子对于上小学到底是怎样的态度?是期待、担忧还是两者皆有。

通过这次倾听,我看到了幼儿的热情,他们把自己最缺乏安全感的一面毫无保留地告诉我,他们当下最需要的是我帮助他们化解担忧,以一种轻松的心态走进小学,这才是对他们热情与信任的最好回应。

(二)初次回应——鼓励幼儿大胆表达表现

了解幼儿的想法后,我尝试以"上小学的担忧"为切入点,开始了主题墙的创设。

1. 分享交流,共享经验

我鼓励幼儿大胆说出自己的担忧,并用自己的方式表现出来。经过幼儿的介绍,我将他们的担忧进行了分类:作业压力、考试0分、上学迟到、和好朋友分开以及其他类(担心小学的饭难吃,操场太大跑不动等)。

完成分类后,我又请幼儿自己思考解决这些担忧的办法并表达出来,呈现在相应的内容下,让每个幼儿的想法都被同伴看到。

2. 不到位的"回应"

我认为这一面基于教师充分理解、幼儿全程参与的主题墙,算得上是"儿童视角下的主题墙"。可园领导看过主题墙,听过我的想法后,给我提出了新建议:首先,幼儿的解决方法仅仅是想象或日常从成人口中听到的话语,未经过证实,无法真正从心底消除幼儿的担忧。其次,"幼儿的担忧"以分类的方式并列呈现,彼此之间缺乏联系,且缺乏统计数据。从幼儿的视角来看,呈现不够清晰,他们难以将其联系起来,产生共鸣。

幼儿大胆表达表现,试图解决担忧,这是非常积极的信号。可他们刚萌生的热情与积极,却因为我不到位的回应,打断了他们进一步的探索。

(三)尝试改变——支持幼儿探索解惑

如何更好地回应幼儿的个体经验与感受呢?我开始反思自己创设主题墙的思路,并尝试调整。

1. 调整推进,清晰呈现

我对主题墙的呈现方式进行了调整,以发散性的气泡图呈现,幼儿的担忧为第一层级,之前幼儿猜想的解决方法为第二层级,后续将幼儿探索后的结果作为第三层级。这样的呈现方式脉络清晰,能整合幼儿彼此的经验并推动他们进一步探索。层层推进式的梳理,能让幼儿看到每一个维度的内容与推进的过程。

2. 支持探索,走进小学

孩子们对于未知的小学生活有种种疑问,还将道听途说的零星信息拼凑成各种猜测。既然对小学有那么多的未知,那我们就一起走进小学,去看一看小学里有什么,听一听小学生的课堂,问一问自己想了解的事情,以解心中的困惑。

我们深入课堂,听着小学生们流利地朗读课文,看着小学生大方自如地回答老师的问题……幼儿安静地聆听着,有的露出了跃跃欲试的神色,有的则面色严肃。

课间时间,我鼓励幼儿去和小学生哥哥姐姐们聊天。

"姐姐,小学里作业多不多?"——"还好,读的东西比较多。"

"大哥哥,小学考试会考0分吗?"——"不会的,只要认真上课,就可以拿A,我还拿过A+。""好好做作业,怎么可能考0分!"

"那作业难吗?"——"还行吧,有时我粗心做错题目,老师说仔细一点就行了。"

……

初次参观结束了,孩子们在亲眼看过、亲耳听过后,对小学有了少许的认识,焦虑有所缓解,孩子们的闲聊中还会出现"认真""不能粗心""下课十分钟"这样的词,配上他们一本正经的表情,令人忍俊不禁。看来,我这一次的回应方式效果甚佳,无愧于孩子们的热情。

3. 顺应兴趣,拓展途径

于是,我又趁热打铁,邀请轩轩妈妈开展了一次"家长进课堂"。她是一名小学老师,为幼儿带来小学一年级的课本和作业,告诉幼儿一年级的作业以"读"为主,需要手写的很少。她还播放了小学生上课的短视频,请幼儿找一找、说一说认真听讲的哥哥姐姐是怎么样的,孩子们对"认真上课"有所认识,也有了模仿努力的方向。

我为幼儿拓展多种途径了解小学生活,他们也用自己的积极参与回应着我。

孩子们将自己了解到的信息记录下来,寻求我的帮助,将他们的记录张贴到之前自己所担忧的条线之下;

有的孩子主动将主题墙上自己的猜测打"√"或画"×";

还有孩子给自己制订了回家后的计划:"做作业—吃饭—看动画片—看书—睡觉";

也有孩子提出要"打卡",每天记录上学有无迟到,不迟到的小朋友,要我奖励他们;

……

不知不觉,《上海市幼儿园幼小衔接活动指导意见》中的时间观念、任务意识、计划意识也在逐渐渗透。

71

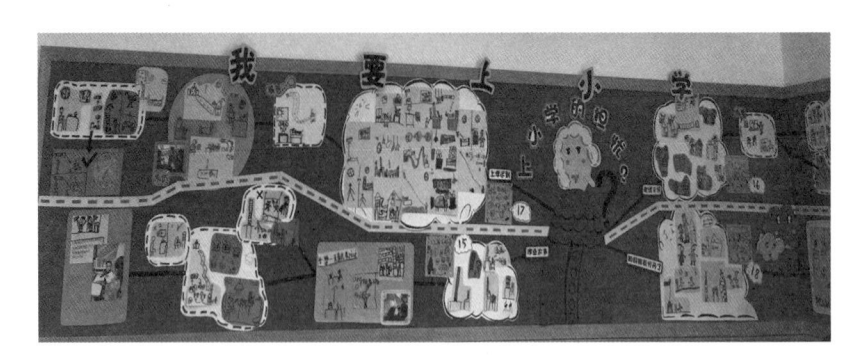

图1 主题墙上的信息记录

三、主题墙创设中幼儿"热情"的消失与回归

皮亚杰的认知发展理论中提到"幼儿认知的发展不是一种数量上简单累积的过程,而是认知图式不断建构的过程,个体与环境的交互作用是认识的来源"。所以在主题墙的创设中,不能用成人的思维来推断幼儿的思维,替他们做主,要持续关注幼儿在与主题互动中的发展与变化,及时调整主题墙,并让幼儿参与调整的过程,才能在与周围环境的不断互动中获得动态发展。

(一)主题墙创设中幼儿的"热情"去哪儿了

毕业在即,考虑到幼儿之前担忧"上小学见不到朋友"及近期拍毕业照的经历,我想以"毕业"为主题,作为最后一块主题墙板面的内容。

1. 精美的墙面,消失的"热情"

为了尊重幼儿,我们再次进行了对话,结合幼儿的想法,我提供各种材料,让幼儿自己动手做手工小人、毕业相框等。完成后再将作品贴上主题墙,呈现的效果颇具立体感。

可孩子们在制作的过程中却没有之前记录"参观小学的发现"时的兴奋与生气,我还疑惑孩子们怎么像是被按下了暂停键,之前的热情都去哪儿了?

图2 主题墙上的手工小人、毕业相框等

2. 专家的提问,引发对"互动"的思考

之后中心组的老师们来园指导,教研员老师问了我一个问题:"这面墙创设完成后,小朋友与墙面还会有互动吗?"慌乱之中,我忐忑地回答道:"孩子会站在墙面前和同伴一起看看,说说自己的作品。"教研员老师对我笑了笑,离开了教室。

这个"耐人寻味"的笑容让我开始思考"互动"的意义。"与主题墙的互动"到底是什么?

目前看来,主题墙上的作品虽然都源于幼儿,可都是一些静态的美工作品,仅起到陈列展示的功能,看不到幼儿活动的轨迹。静态的作品跟不上孩子不断发展的经验,无法产生有效的互动,之前对主题探索的积极热情自然"戛然而止"。教师也应该紧跟幼儿动态发展的步伐,关注他们的兴趣点是否有所转移,支持他们开展新的探索。幼儿将自己的新思考、新发现展示在主题墙上,让主题墙成为幼儿与幼儿、幼儿与教师相互交流的平台,以此获得主题经验的深化,这才是真正意义上的互动吧!

(二)主题墙创设中幼儿的"热情"回来了

孩子间的日常闲谈是自然状态下的反应,代表了他们最真实的想法,之后我悉心关注孩子的闲聊,试图了解他们当下最关心、最感兴趣的事。

1. 关注幼儿闲谈,捕捉"热点话题"

孩子们在上次的参观之后,对小学充满了好奇。总是谈论着参观小学时的"见闻":"小学的操场好大""小学生接水的地方在教室外,还插电""小学生的餐具是自己带的""小学有眼保健操"……小学怎么样、小学有什么,成了班级的热点话题。他们对小学产生了新的疑问与好奇。

"小学生在教室里吃饭,我们有餐厅,他们没有吗?"

"小学除了语文课,还有什么课?"

"小学生书包里有什么东西?"

"小学的操场比幼儿园的大多了,可以站多少人?大三、大四班做操时就不能站在操场上做操。"

……

幼儿稚嫩有趣的话语让我感受到他们对小学的生活、设施、课程安排产生了好奇,我决定追随他们的兴趣,继续探索小学。

2. 追随幼儿兴趣,支持"二度参观"

为了满足孩子们的好奇,我计划让孩子们带着自己的新疑问,再度踏访小学。在走走看看中,他们发现了小学操场真的很大,走一圈很累,每个小学生都有自己的桌椅,上面的东西理得很整齐……

回到教室,孩子们交流着自己的发现,他们对小学的设施、课程安排、小学生在校情况有了更多了解,还隐约认识到了小学生的优点"小学生课桌都理得很整齐""下课老师不在教室,他们也很乖""小学图书馆的书比我们阅读室多,好开心啊"……

孩子们对小学的好奇与热情空前高涨,不自觉地将小学和幼儿园进行比较。捕捉到这一点后,我又开启了一个新话题"幼儿园小学大不同"。两次的小学参观、采访经历让孩子对小学有了更具象的认识,结合自己三年幼儿园生活的经验,每个人都有话可说,孩子们侃侃而谈。经过大家一起梳理归纳后,我将他们的发现都呈现在主题墙上。

图3 主题墙上"幼儿园小学大不同"

"铺满"后的主题墙依然吸引了孩子们驻足墙面前,对这些内容指指点点,还产生了新发现、萌发了新问题,主动提出让我在主题墙上给他们留点地方放自己的新发现,这样的留白,也让我们的主题墙更有弹性。

孩子们如今欢欣踊跃的状态与之前美工制作时的冷淡截然不同,孩子们对主题墙的"热情"又回来啦!

(三)主题墙创设中教师助燃"热情"

幼儿对"幼儿园小学大不同"爆发出的热情超乎我的想象,这一次,我"get"到了这种热情,觉得每一名幼儿的个性经验都非常有价值。

如何助燃这份"热情"？我设计了一节社会领域的集体教学活动《小学好还是幼儿园好》,活动以辩论赛的形式展开。在"自由辩论"的环节中,孩子们各抒己见,用自己通过各种途径了解的信息表达着"小学生的优点",诉说着"幼儿园的快乐",你来我往,好不热闹。

这次活动是幼儿主题墙探索过程中的外延,幼儿零散的个体经验通过高结构的集体教学活动,得到整合与共享。而在幼儿表达的各种理由中能发现他们对"幼小衔接"的渗透要点:时间观念、同伴合作、倾听习惯、表达表现、整理习惯、自我保护等都有了模糊的感知,我通过回应帮他们进行梳理与提升,可见主题墙面与教育活动是彼此联系、相辅相成的。

四、双向奔赴中的收获

《幼儿园教育指导纲要》指出:"幼儿园环境是重要的教育资源,应通过环境的创设和利用,有效地促进幼儿发展。"环境作为幼儿园的隐性课程,对幼儿的学习和成长有着潜移默化的作用,主题墙作为环境的一部分,更是一位"不会说话"的老师。经过这一次主题墙创设的洗礼,让我对主题墙创设、主题墙与主题课程的联系、主题墙的作用都有了新的认识,既收获了专业上的成长,也感受到了师幼互动的温暖。

(一)双向奔赴中,需要师幼彼此回应

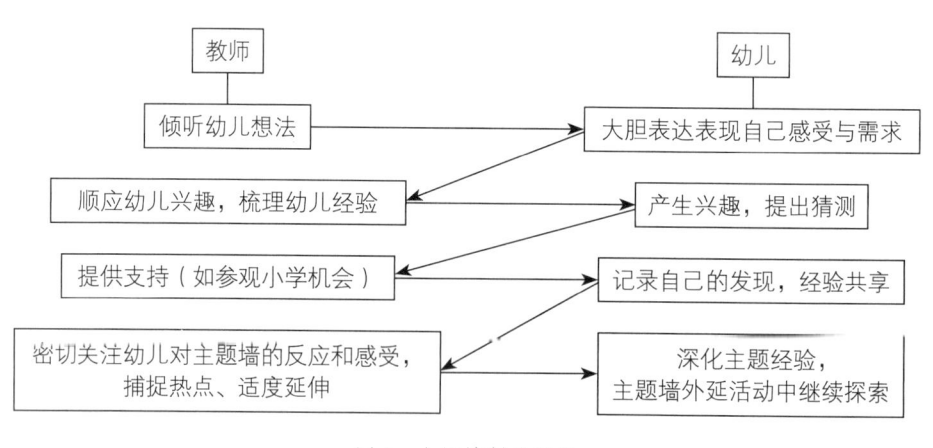

图4 主题墙创设流程

主题墙的创设不仅仅是为了教室环境的美观,更是为幼儿的发展提供支持,教师是幼儿发展的支持者。因此我们在主题墙的创设前、创设中、创设后,都要以幼儿为本,尊重幼儿的兴趣、关注幼儿的需求,以此为主题墙创设的起点。教师能基于观察的识别与支持,调动幼儿的参与性与积极性,在儿童视角下开展主题墙创设,让主题墙真正为幼儿的发展服务。

1. 利用主题墙,满足幼儿的学习需求

《3—6岁儿童学习与发展指南》提出:"要创设丰富的教育环境,最大限度地支持和满足幼儿通过直接感知、实际操作和亲身体验获取经验的需要。"幼儿大胆地表达与表现,教师提供多种途径支持孩子们探索,就是对他们最好的回应。不同个性的孩子都投入对主题的探索中,产生各自不同的探索轨迹,也激发了他们自我学习的好奇心和主动探索的求知欲,逐步加深对主题经验的理解。

2. 调整主题墙,深化幼儿的主题经验

主题墙的创设是动态的,随着主题的开展及幼儿与主题互动中不停的变化与发展,教师要有一双善于发现教育契机的眼睛,追随幼儿,做出适当的调整以支持幼儿。

教师要关注他们有没有出现因经验缺失而对某一块墙面漠不关心的情况,对此,我们要从幼儿的日常活动中了解他们的当前经验,捕捉热点话题。通过调整主题墙的内容,补充丰富幼儿的经验以重新唤起幼儿的探索热情。

另外,亲身参与的探索会让幼儿突然对某个主题有着高涨的热情,我们也可以"推波助澜",设计相关的集体教学活动、个别化学习等项目化活动作为主题墙的外延,让幼儿的探索和发现得到持续,主题经验也能不断深化。

(二)双向奔赴中,触动教师思考主题墙作用

主题墙兼具美观功能与教育功能,以往我对主题墙的教育价值有所忽视,这一次的经历刷新了我对主题墙的认识。

主题墙是一个可视化的主题课程进程的展示,我们一线教师透过主题墙,厘清课程进行的线索,看到幼儿在不同阶段对主题有着怎样的认识和理解,及时发现他们的兴趣与关注点是否有所转移,了解他们认知、表达、情感、态度习惯等各方面的发展程度,后续跟进调整,在幼儿经验缺失或特别有兴趣的部分给予补充与支持,提升幼儿参与主题活动的成效。

于幼儿而言,借助主题墙这个平台,他们的探索轨迹与学习进程都得以记录和呈现,主题墙上大量的照片、记录让孩子们沉浸式地融入主题的各类活动中,与主题墙的互动升华为与主题课程的互动,他们的个体经验不断丰富,彼此交流共享,逐步地丰富主题经验。

一次打破"传统"的主题墙创设,教师不断捕捉着幼儿的兴趣与需要,用落到实处的支持去回应幼儿,让每一个幼儿的倾诉、表达、兴趣与热情都被听见、被尊重、被珍视、被回应,这种双向奔赴的师幼互动提高了主题活动的开展质量,也让我们的教学工作充满了温暖。

第二编 PART 2

课堂悦动，
　凸显育人的情感向度

8. 当我在教物理时,我在教什么?
——"情感教育"在高中物理教学中的实现

上海市浦东复旦附中分校　宋丽颖

一、情感教育的内涵:当我在教物理的时候,我在教什么

朱小蔓先生作为中国情感教育的奠基者和实践者,提出要关注人的完整教育。她指出要在教学场域里,"教师表现出尊重、关怀、耐心(伦理上追求完善)、宽容、欣赏、惬意(美感上追求完善)等情绪情感体验和状态;学生体验安全、兴趣、热爱、信任、胜任、成就、自在等情感状态"。[1]

这要求我们一线教师在"传道授业解惑"之余,能够真正地"看见"学生,敏锐地意识到学生行为背后所包含的理性和道德的需求,识别并回应学生内隐的情感状态的变化及需要,关注其科学态度、价值观等非智力因素的养成,此为"情感教育"之内涵。

遗憾的是,在如今的物理课堂上,教师往往对能够直接作用于分数的"解题技巧"过于执着,而对于不能直接作用于分数的"情感教育"有所忽视;学生也会把知识划分出三六九等,考试要考的一定要听,不考的坚决不听。

作为一名物理教师,我不禁这样叩问:在教授物理的时候,我们到底应该教什么?

---

[1] 朱小蔓,王平.情感教育视阈下的"情感—交往"型课堂:一种着眼于全局的新人文主义探索[J].全球教育展望,2017,46(01):58-66.

1936年，爱因斯坦给出了答案："学校应该永远以此为目标：学生离开学校时是一个有和谐个性的人，而不是一个专家。我想反对把个人像无生命的工具一样对待。"

的确，作为物理教师，我们教授物理知识。但是不能忘记的是，在知识的背后，是一个个鲜活的生命。越是在物质丰盛、知识爆炸的今天，越不能忽视对人灵魂、情感方面培育的重要性。重视人的情感培养，就是关注情感在人的发展中的基础作用和积极影响，从而培养学生健全的人格、积极的价值取向、符合社会要求的道德观念。可以说，情感教育是教育过程的重要组成部分，是教育意义显现的关键，有着不可替代的重要作用。

本文即根据目前高中物理课堂现状，讨论"情感教育"在高中物理教学中的实现途径，反对唯分数主义和唯功利主义的"冷"教育，并希望在未来的物理课堂中，能充满生命价值和情趣、充满温情和暖意，引导学生积极追求生命的价值和意义。

二、情感教育缺失的原因："唯分数论"带来的教育价值天花板——只见树木，不见森林

德国著名思想家雅斯贝尔曾说过："教育是灵魂的唤醒，不是理智知识的堆砌。"无数失败案例提醒着我们，情感教育的缺失，可能会导致教育的价值取向出现问题。我曾不止一次听过学生这样说："为什么老师要教考试不考的东西？这不是浪费时间吗？"还经常见到一些成绩好的学生瞧不上成绩差的学生，会用"笨蛋""弱智"一类词汇来称谓后者；还有学生会在遭遇考试挫折后自怨自艾，陷入抑郁情绪不能自拔，甚至还有自残自伤行为——"学习学不好，我活着还有什么意义和价值？"

以上种种，都反映出学生在情感教育缺失的情况下，内心会发生种种畸

形的变化。他们会惧怕失败,更惧怕失败所带来的人生价值感、意义感的缺失,从而陷入对自己的无限否定中去。那么,为什么会出现价值观教育薄弱、情感缺失的问题呢? 只有弄清楚问题产生的原因,才能有解决问题的可能性。我想主要有以下三方面:

(一)只见分数,不见关系 VS 亲其师、信其道

在教学中,教师如果只是用"成绩"这一把尺子去丈量学生的长短,未免过于片面。当学生遇到学习困难时,最希望得到的是教师关切的询问,而不是劈头盖脸的责骂。"亲其师、信其道",我们不难发现,学生往往会因为欣赏一位教师,而开始喜欢这个教师所教授的科目,并且会努力把它学好。因此,做一个被学生喜欢、认可、信赖的教师是每个教育从事者的职业理想。虽然萝卜青菜各有所爱,但引用《冬之旅》编剧万方所言:"没有一条道路通向真诚,真诚本身就是道路。"摒弃分数高低的偏见,从"树人"的角度出发,用真心和诚意去关心、关爱学生的成长,这可能是化解师生之间隔阂、打破"唯分数论"的第一步。

(二)只见抽象,不见现象 VS 物理学是基于现象基础上的科学

如果回溯物理学的历史,我们大概可以把物理学家的贡献分为两类,一类的代表是伽利略、开普勒等发现行星的运动规律,这可以归类于对"现象运作的模式"的研究;一类是牛顿发现万有引力定律,这可以归类于是对"现象背后的原因"的研究。由此可见,物理学中的现象研究之重要意义。

而翻阅我们现在给学生做的课堂练习,大量充斥的都是毫无生活气息的、"掐头去尾"的抽象习题。这样的练习做多了,也难怪学生会产生"初中和高中物理的区别,无非就是要把更多的数据代入更复杂的公式中去,本质还是套公式"这样的误解。久而久之,就会养成"只动笔、不动脑"的学习习

惯,其创造力、反思力、质疑力也就随之消失殆尽。

(三)只见结果,不重过程 VS 教育不是一种"存储的行为"

根据认知心理学的观点:学生在接受新知识的过程中,学习环境、教学资源、个体遗传素质、健康状况和心理因素都会对学习者产生影响。而以发展心理学视角看来,成长则更是一个复杂的系统,包含知识获得、思维拓展、情感丰富、意志锻炼等多个方面。由此可见,不论是学习还是成长,都是复杂的、动态的过程,是教师教授知识的同时,学生不断自我建构的过程。

这要求教师在进行教学实践时,充分考虑个体差异和学生的心理动态,设置有趣、有意义、有挑战、有创新的教学活动。英国数学家、哲学家怀特海在他的《教育的目的》一书中提道:"在教育的一开始,儿童就应该体验发现的乐趣。"[①]在我们的物理课堂中,不乏教师精心的设问、教案精巧的结构,但最不应该忽视的,是充满"生成"的学习过程。只有真诚营造讨论的氛围、引导学生亲身经历、鼓励学生自主发现,才能让互动真正发生,让教育目标自然而然地达成。

三、情感教育在物理教学中的实现途径:行胜于言、润物无声

通过以上的分析,我们不难发现,往往教育失败的原因,是只注重"知识"本身,而忽视了教育中的"人"。正如陶行知先生所言,"千教万教,教人求真;千学万学,学做真人。"成功的物理教育,要回归到具体的人本身,关注具体的人在教育情境中的生活体验,在他们已有的经验认知上进行建构,同时赋予其学习的意义和乐趣,形成一种温暖和煦、积极向上的教育氛围,以

[①] 怀特海.教育的目的[M].上海:华东师范大学出版社,2020:1,3.

达到行胜于言、润物无声的教育效果。

(一)融合科学人文,"学史"体现温度

科学史学家萨顿指出,科学史是自然科学与人文科学之间的桥梁,它能够帮助学生获得自然科学的整体形象、人性的形象,从而全面地理解科学、理解科学与人文的关系。而物理学史正是科学史的重要组成部分。在教学中融入物理学史,可以帮助学生掌握和理解物理学知识,使学生认识到物理学知识的动态性、相对性和暂定性,是培养学生创新意识的有效途径;也可以发展学生的独立思考能力和质疑精神,培养学生的想象力和判断力,发展学生科学思维能力和对科学美的鉴赏能力。[①]

例如,对于"物体运动的原因是什么?"这个古老的物理问题,如果只是从道理上讲一讲——"牛顿第一定律告诉我们,力是改变物体运动状态的原因。"学生很难完全理解,甚至于对"力"这个跨越整个高中物理的关键词也失去了兴趣。而如果教师抽丝剥茧,深入浅出地去讲解这个问题背后科学家2000多年的探索历程,学生会感到兴趣盎然,教学效果也会显著提升。例如,可以从公元前4世纪亚里士多德的"直觉观点"开始讲起,在课堂上演示分析"轻重物体谁下落快"的现象;再延伸到伽利略冲破教会阻碍,通过"理想实验"法建立运动观"力不是维持物体运动的原因";最后再介绍牛顿的继承创新,即澄清了运动和力的关系,真正从物理角度定义了力的概念。

如此这般讲解规律发现"背后的故事",不是浪费时间,而是使学生对规律的理解层面更加丰富。根据建构主义学习理论:"学生不是空着脑袋走进教室的,教师要把他们现有的知识经验作为新知识的生长点,引导其从原有的知识经验中'生长'出新的知识经验。"运动的现象生活中比比皆是,但是

---

① 申先甲,李艳平,刘树勇,王士平.谈谈物理学史在素质教育中的作用[J].大学物理,2000,(11):36-40.

运动的原因却没有看上去那么直观容易。这可以对学生有两点启发：一是物理规律不是冰冷的，它们背后蕴含的是一代代物理学家对真理的求知与坚持、对前人的继承与创新；二是物理规律也非一成不变的，正如泰戈尔所说，"真理永远不会停止前进的步伐，它在发展中不断超越自身"。从历史发展的长河中看物理的进步，可以使学生认识到科学知识的发展性与暂定性，深化对科学本质的理解，从而深刻感受到"冰冷的公式"背后的"火热的思考"之温度。

（二）尊重个性解读，"质疑"体现温度

斯金纳曾说过："当所学的东西都忘掉之后，剩下的就是教育"。的确，学过的知识是会被忘记的，但是能力却可以沉淀下来；灌输的思想是会被忘记的，但是教育的熏陶却可以沉淀下来。在教学中，常常会遇到很多知识点，学生的理解有偏差。很多情况下为了"赶进度"，教师会选择对学生的错误匆匆略过，只是简单粗暴地告诉他："A 就是 A，别问，问就是——书上就是这么说的！"且不说这样的回答会使学生心灰意冷，觉得教师不够"专业"；长此以往，学生也会养成不求甚解、得过且过的毛病。因此，在物理教学中，教师应当注意呵护学生的求知欲、好奇心，尊重学生提出的每一个问题，培养其创新思维和质疑、批判的能力。

在必修二第七章第一节《功》的课堂上，曾经有学生对于"功究竟是标量还是矢量"搞不清楚。这个问题，涉及对物理量"正负"的理解，是一个难点。因此，我在上这节课之前，就做好了充足的准备——不急于赶进度，甚至刻意"放缓脚步"，让学生互动发言，让道理越辩越明。果不其然，当我抛出问题"你认为功是标量还是矢量并说明理由"时，全班有 70% 左右的学生举手投票给了"矢量"的答案。我进一步追问原因，几乎所有学生的理由都是"因为功有正负，那么应该和'速度'一样，正负表示方向，有方向的量自然是矢量"。

"有正负就是矢量？看来背后的误解还很深啊！"于是我请学生们自由发言，充分暴露自己对于"功是标量还是矢量"的个性解读，大家争得不相上下。我挥了挥手，说道："既然，大家都认为是矢量，那是不是只要是有正负的，就都是矢量？"大家面面相觑，这时一个学生反应过来："不是。温度也有正负，但是标量，因为它的正负是表示大小的。而且，功既然是能量转化的量度，能量是标量，功应该也是标量。"这个回答非常精彩，同学们纷纷报以掌声鼓励。还有同学抢答道："那么，也就意味着，物理量的正负可能代表大小，这时候它就是标量，如果正负代表的是方向，就是矢量！"这时，大家对于功是标量的理解应该没有问题了，而且使用了类比推理和演绎推理的科学思维，提出了一个新的论断，非常不错。是时候追根溯源，抛出第三个问题了。"物理学中，到底对于标量和矢量的定义如何？"大家不敢贸然回答了，有同学小声说道："有大小有方向的量就是矢量。"这时另外一位同学反应过来——"不对，有大小有方向还要在运算时遵循平行四边形定则的量才是矢量！"同学们纷纷惊叹，原来这才是矢量的本质！课堂上再一次响起了掌声。

物理课堂中，其实有很多引发学生思考、鼓励他们表达的学习机会。但是因为进度原因，教师不舍得花时间慢下来，去细细品味"质疑、批判、论证、解释"等高阶思维带给学生的乐趣和启迪。[1] 曾经有位学者评价：我们的学生太习惯于做"是什么"的问题，却不习惯于问"为什么"。我想背后的原因也与此有关——只有教师多追问，学生才能真思考，我们的课堂才能活起来，教学的温度才能升上去。

---

[1] 张春丽.真质疑引发真论证 真思考促进真发展——品评区级研究课"功的再认识"[J].物理教师,2021,42(12):7-9,13.

(三)引入原始问题,"真实"体现温度

所谓"原始物理问题",是指自然界与社会生活中客观存在,未经"加工"的典型物理问题。它只是对现象进行了描述,保持着现实生活中物理情景的"原汁原味"。① 与原始物理问题对应的是习题,习题则是经过编制者简化、抽象等处理并在设定的条件、范围内的半成品作业。我们的学生应对"习题"可以说是身经百战——条件全盘托出、思路极其清晰,无须建模或者过多思考就可以按部就班代入公式求出结果。然而,进入高中后,面对"原始物理问题",学生找不到现成的模型,也没有类似的题型作为借鉴。需要自己通过多方面分析,选择有用信息抽离出物理模型,设定和估计解题所需的各个物理量,最后选取公式、推导演算、得出答案。② 这带来了学习的极大挑战,也是很多学生认为物理难学的主要原因。

在学习第六章《万有引力的应用》这节课时,我曾经提出过这样一个原始物理问题:"我们都知道,嫦娥五号在 2020 年 12 月 17 日返回地球。它是中国首个实施无人月面取样返回的月球探测器,也是中国探月工程的收官之战。习总书记在贺电中指出,这是中国航天向前迈出的一大步,将为深化人类对月球成因和太阳系演化历史的科学认知作出贡献。那么,大家知道嫦娥五号是怎么被送上天的吗?"这时,有些生活常识的学生说:"是火箭把卫星送上天的。"说的不错,但是我们还得知道使用火箭的原因,而不能仅仅满足于用火箭送卫星上天的现象。于是我继续发问:"为什么需要火箭把卫星送上天? 卫星为什么不能自己携带燃料提供动力呢?"

这个问题一下点燃了学生的求知热情,同时也有了更多不确定的答案:

---

① 刑红军,陈清梅.从习题到原始问题的重要变革[J].课程·教材·教法,2006,(1):56.
② 朱玉成,刘茂军,肖利.物理课堂引入原始问题的可行性分析与策略初探[J].物理教师,2013,34(03):4-6.

"是不是航天飞机自己带的燃料不够用呢?""火箭是用来助推的吧?后面还要掉下来的""航天飞机太小了,火箭可以做得很大!"这些猜想都不错!我继续解释道:"不错。航天飞机本身所能携带的燃料是有限的,这些宝贵的燃料只能用于航天飞机本身的姿态控制和返航的需要。所以,进入轨道前的飞行就要靠火箭来助推。火箭完成了使命后,就没有必要成为航天飞机的一部分。否则,航天飞机的体积和重量都会很大,控制起来会消耗更多的燃料。火箭一旦完成使命后,就与航天飞机脱离开。这一次发射的嫦娥五号,质量达8.2 t,大致相当于5辆家用小汽车的质量之和。这样庞大的质量和遥远的飞行距离只能由我国目前推力最大的新一代大型运载火箭'长征五号'——'胖五'完成,就是它将嫦娥五号成功送上天的!"

原来看似简单的发射过程里面有这么多的学问!这回,还没等我提出新一轮问题,他们开始自己发问了——"为什么要叫'胖五'?是很重吗?那会不会太重了影响发射速度?除了'胖五'还有哪些火箭?"我知道,这个问题的答案现在教师给不给出已经不重要了,他们下课后一定去想办法把这个"卫星发射升空"的问题搞个水落石出!更重要的是,今天的讨论也给一些热爱自然、心向宇宙的同学心里种下了好奇的种子,也许有一天,它也会在我国的航空航天事业上开出姹紫嫣红的花朵。

物理源于生活,原始物理问题恰是一种与物理现象对应的具备可操作性的物理教育方式。它让学生产生一种对问题的敏感性,逻辑思维和非逻辑思维都能得到锻炼;它根植于真实的世界,只有现象没有抽象,只有描述没有数据,一切都需要学生自己定义。这是物理教师能帮助学生建立的一种真实的美感,也许并没有想象中的"梦幻瑰丽",但是一定是生动鲜活的、具有生命力的,也一定能够让学生感受到物理学习与日常生活的关联,实现从"解题"到"解决问题"的转变,体会到科学的温暖与逻辑的力量。

诗人叶芝曾说:"教育不是注满一桶水,而是点燃一把火。"一个好的物理教师,除了要在学科知识上"授业解惑",更重要的是要帮助学生看到宇宙的美丽和自然的神奇,点燃起学习的乐趣和求知的愿望。虽然目前高中的数学和物理知识,不足以解决比较复杂的定量问题。但是我们完全可以在不提及繁杂运算的同时,从定性的角度进行科普学习——从课本上的弹簧测力计谈起,讲讲胡克定律,再讲讲谐振子,最后谈谈卡西米尔效应。高中阶段是培养孩子们学习兴趣的关键时期,有时候可能一堂深入浅出的科普课,就能燃起学生学习科学的梦想,为将来从事科研工作奠定一个希望的地基。若干年后,今天教室里的学生坐在计算机前,盯着天文台传来的数据,操纵着对撞机中飞舞的粒子,笔尖下流淌出一行行我们看来可能是天书一样的方程,甚至有机会跻身国内外自然科学领奖台的时候,他们也许会想起,有一位教师曾在一次物理课上生动有趣的讲解,让他们有了攀登人类智慧阶梯的决心和勇气。

当我在教物理时,我在教什么？我认为,从教的内容看,应该是一种自然学科"最基本的思维方式和知识要求",它包含严谨的思考力、充分的质疑力、科学的信仰力、平等的对话力;从教的方式看,应该是基于"人"的教,这才是能够达成目标的教、有成效的教、高品质的教。物理是一门充满诗意的"美"的学科,要在课程中注入"情感教育",好奇心的种子才有破土而出的机会,课堂才能更生动、有活力、充满生命力,学生才能真切地感受到"格物致知"的物理学之美。

未来,我们要继续积极构建"有深度"思考且"有温度"的课堂,用"情感教育"的温情和力量,去实现新时代背景下学生核心素养的培育,实现润物无声、温暖育人的教育生态。

9. 反馈实践融教学　柳暗花明话温暖

上海市南汇第三中学　丁丹丹

2020年一场突然暴发的新冠疫情打破了原有的教学秩序,线下教学调整为线上教学。开始线上教学的第一周,与学生连线不顺畅,学生作业变得拖拉,缺乏面对面接触与交流的机会,不知道教学如何开展。虽说有前年线上教学的经验,但这一次还是让我觉得有些猝不及防。幸运的是我正好参与了《可见的学习:反馈的力量》共读小组学习活动,这一期间细细品读作者哈蒂的文章,交流反思同伴们线上反馈的做法,再与学生交流沟通反复实践,情况一步步好转。"反馈"是影响学业的最有力的因素之一,积极反馈营造出的是可见的线上学习,润物细无声般温暖着学生的心田。

一、注重细节设计,营造反馈文化氛围

第一天刚进入线上教室,互动面板就跳出几条消息,"丁老师!""露脸了!""终于看到老师了。""终于看到真人了!"……言语中有些激动,跟学生了解才知道,前面几节课的教师,都关闭了自己的摄像头。开始线上学习时,我们都要求学生找一个安静的环境,创造一个独立学习空间。教师也应该像平时一样,面带微笑,真实出镜在线上空间。都说"仪式感",教学也有仪式感。

在课堂直播中我还发现了可以设置"教室"的虚拟背景,"好好学习、天天向上"的标语醒目地显示在"教室"后墙上。选择这个背景,疫情分隔了我们,但我们仿佛仍然在教室中,老师同学一直都在。后来上课时,不少同学因为核酸检测中途请假,我常私信提醒学生,"回来还要看'回放'!时空变

了,但我们的学习要一直在线。"

《可见的学习:反馈的力量》书中将"激发学习""营造一个好的环境"作为走向促进学习的反馈循环的首要步骤。线上教学,教师要首先跨出一步,积极与学生互动、主动找学生交流,还原一个真实的课堂,学生才能认真地融入教学,求真知,获真解。

复习阶段,评讲习题是常见环节。线上教学有一个好处,可以很方便地将学生作业分享出来。化学里有一种题型是文字叙述题,学生往往有畏难情绪。我把学生回答罗列出来,进行分析。我们发现有些答案互补一下就可以形成完整答案;或者是陈述顺序调整一下符合推理过程;或者是应该结合数据进行分析,等等。我称这些错误为"非凡的错误",错误也能催生新的学习。学生们也经常给我找碴,互动群里经常提问,我都很欢迎。如果学生打了一个问号,我就会及时停顿一下,可能有什么地方还没有讲清楚。有一次,真的是我审题不清讲错了一题,学生课后给我指了出来。我立马在学习群里解释说明,让学生们订正过来。课上我经常说,"老师有时会犯错的,你们要指出来!"学生调皮地回复我一个"明白"的表情包。我想这就是哈蒂所倡导的"错误友好型课堂"吧,学生可以自由表达自己的不理解,教师倾听其需求,然后师生一起协同学习,克服困难。

二、优化互动策略,调整线上师生角色

(一)把话语权交给学生,了解学生学习状态

第二周,教研员沈老师微信联系我:"丁老师,下周来听你两节课,把我加进班级钉钉群。"我内心不免打起鼓来,因为线上教学最大的问题就是缺乏互动。而这时我们正处在复习阶段,每节课教学容量比较大,怎么让学生参与进来呢?

第一节课,复习的是"气体的制备"知识,有很多的知识点,于是我设计

成很多小问题,要求学生在互动面板上积极回答。学生回答还是比较踊跃的。课后,沈老师跟我说,"互动还不够,我看到有些同学在互动面板回答了,但总是那几位同学。其他同学在不在听呢?""连麦慢,但仍然要连!"沈老师的一番话让我意识到,我没有关注到"全体学生",互动面板上看似热闹,却并没有深入思考与学习,有些同学也是人云亦云,是一种浅表学习。话语权还是要交给学生,要了解学生学习的真实状态。

于是,我继续调整互动方式,加强课堂对话,倾听学生的表达,促成学生的自由交流,互动中了解学生的真实学习情况。

第二节课的复习内容是"气体的检验和除杂"。我改变了策略,把小问题串联,设计了几个有挑战性的问题。如,为实现混合气体检验的目的,有一个比较复杂的实验设计,实验中每个装置的作用是什么?整套装置有漏洞吗?能达到实验目的吗?课上学生连线有点慢,就等待一会儿,给学生思考的时间。陶同学表达吞吞吐吐,我耐心听他讲完,最终他也能陈述清楚且完整。让我意想不到的是,成绩平平的杨同学在自己读题辨题过后,把一个易错点分析得非常到位。这一次,沈老师点评时说,"同学们回答得太好了。看,线上教学一定要让学生来说。"

哈蒂认为,好的反馈互动结构包含了师生间与同伴间的对话。"当学习者掌握了基本的知识概念,并且开始探讨概念之间的关系和拓展他们的思维时,同伴反馈是更有效的。"在共读活动中我学到了一个小窍门,"课堂直播"中"上台邀请"可以同时邀请多名同学,甚至可以全都选上,这样可以减少连线时间。学生们可以随时发言、互相讨论,可以让不同声音交织在课堂中。

从开始一言堂,到师生连麦互动,到后来学生自由讨论,课堂变得热闹起来,有了往日课堂的生气。

(二)建立小助教制度,领学生走出舒适圈

这次新冠疫情时间甚长,慢慢地学生也开始松懈疲惫。一日一位妈妈找我私聊,提到孩子平时上课的松散表现,言语里尽是担忧与无奈。面对学生无效的反馈,共读伙伴陶老师也说:"我很怀疑我的评语他们有没有看。"缺少学习环境,孩子们很容易放松自己,在"舒适区"躺平。

《可见的学习:反馈的力量》书中介绍的"学习区域"理论,提醒教师要帮助学生寻求挑战,向"学习区"进发。书中"学生主导的学习检查会"这一做法启发了我。学生主导的学习检查会就是由学生独立准备展示,反思学习,讨论如何支持下一步学习。

于是,在课堂里,我邀请学生当我的助教。每节课的课前5分钟就是助教时间。具体做法是,将学生分成5个组,每天轮流着讲评综合题,并且要分析常见错误和应对措施。第二周展示时,组内展示者不能重复,每个人都要展示。要充分借助小组力量,进行展示前讨论。

学生的表现令我意外,从审题到解题到答题技巧,分析得头头是道。而且最大的变化是课后的问题多了,"不太理解""这个我不懂"……他们能主动向教师提问;讨论群活跃起来,同学间相互交流,学习的热情又燃起来了。

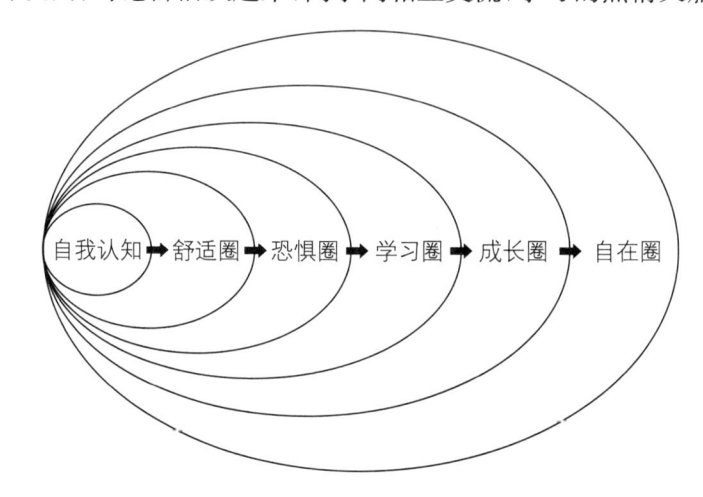

图1 自我认知的圈层

自我认知→舒适圈→恐惧圈→学习圈→成长圈→自在圈

回想开始布置任务时,学生还直呼"太难了",对应自我认知的圈层中"恐惧圈"。经历团队合作、师生互助,学生成功跨越到"学习圈"。在线上课堂这个小舞台上,他们落落大方地展示着自己和团队的智慧。

线上学习需要这样的"挑战",让学生全身投入并且充分意识到学习需求。学生化身"助教"的同时,理解自己的学习,乐于寻求反馈,常常实践交流,他们变成了自己的老师。

三、自主作业主导,复习高效且明确

《可见的学习:反馈的力量》书中提供了让反馈有效的教学框架:(1)用先前知识进行课堂导入;(2)分享学习意图;(3)共同设定成功标准;(4)运用SOLO分类法的各个阶段。

(一)利用自主作业,探知学生先前知识

这次线上教学正处在新课结束、开始复习阶段。而复习最需要知道学生学了哪些?掌握了哪些?还有哪些知识盲点?还有哪些知识困惑点?第一节复习课是关于"气体的制备"专题,我设计了自主复习的作业,要求学生用思维导图或者对比表格等形式,对书本中 O_2、H_2、CO_2 制备进行整理,设想通过作业了解学生先前知识。

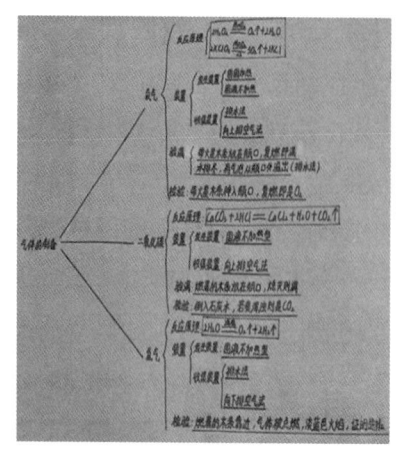

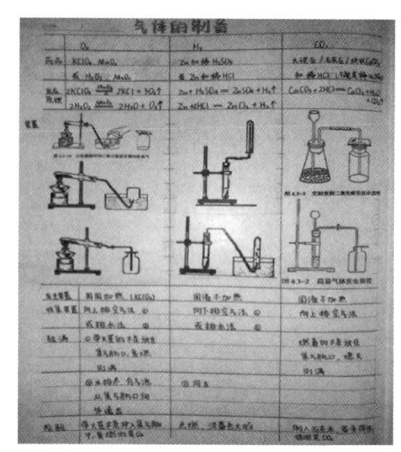

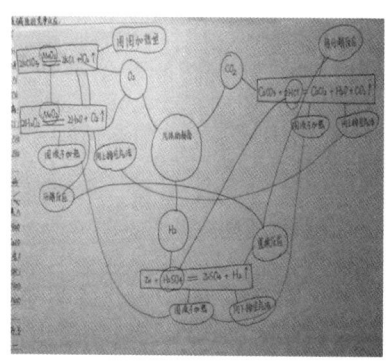

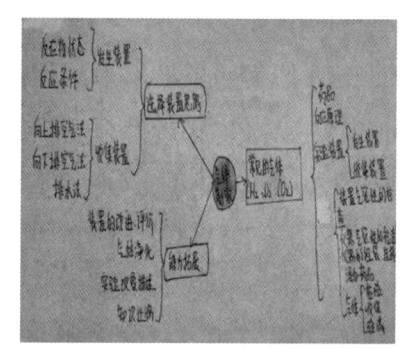

图2 自主复习的作业

作业中,学生把握住了主要知识,对制备气体原理、实验装置、实验过程都有细致的复习,说明学生对这部分内容掌握得比较清晰。作业中也反馈出学生复习的薄弱点,这也正是学生学习的困难点。如对启普发生器多数同学复习不到位,对制备原料中催化剂没有深入复习,收集装置的变式装置"多功能瓶"没有涉及。于是在课堂上,对这些难点进行了专项讲解,利用实验视频、借助习题等,使复习课效率大大提高。

哈蒂的学习和反馈模型最终指向培养具有自我评价和自我调节能力的学习者,适时地设计自主性作业,可以给学生更大的自主性和自我导向的空间。让学生整理,画出思维导图这样的自主复习作业不仅可以了解学生学习情况,还可以充分调动学生自主复习的能力。

(二)共同制定标准,培养自主能力

初次思维导图作业还是有很多问题,学生间参差不齐:有些同学的思维导图比较简单,知识点缺漏很多;有些分模块讨论,但模块思路还不清晰;有些注重知识间的关联,但关联关系有些乱;有些是手画出的图,不够美观。

在课堂上,我罗列出一些作业,让同学们挑选自己喜欢的思维导图,并说明原因。同学们你一言我一语,就这样总结出好的思维导图的要素:要理清模块、条理要清晰、装置图辅助更美观、上下知识点串联复习更综合、使用软件制作等。通过这个互动活动,我们共同制定出思维导图作业的"成功标准"。

在后面布置其他主题思维导图作业时,学生们对照成功标准,作业就比较整齐了,进步显而易见。下图展示了第二次以"溶液"主题复习思维导图作业。复习内容全面多样、思路清晰。很多同学用起了思维导图软件,作业更多彩了。

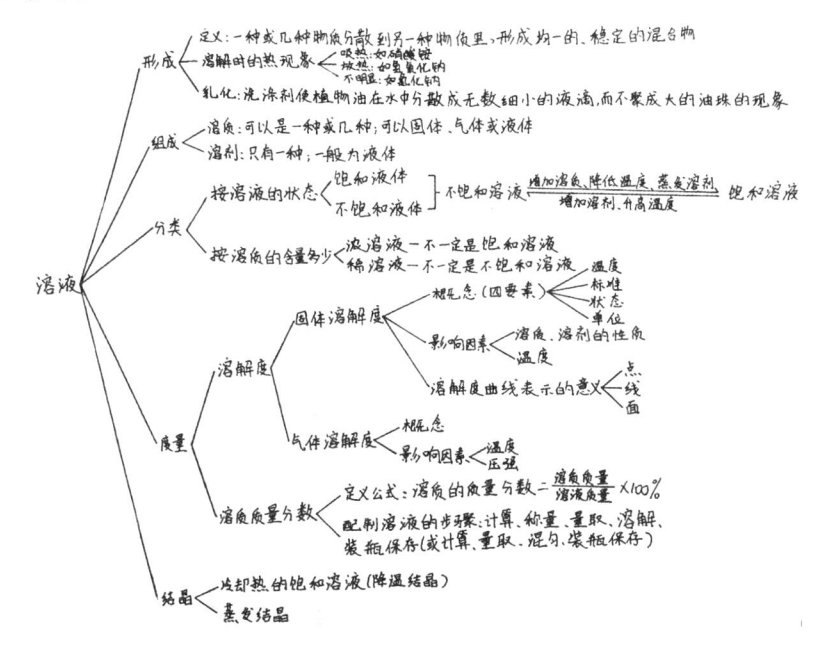

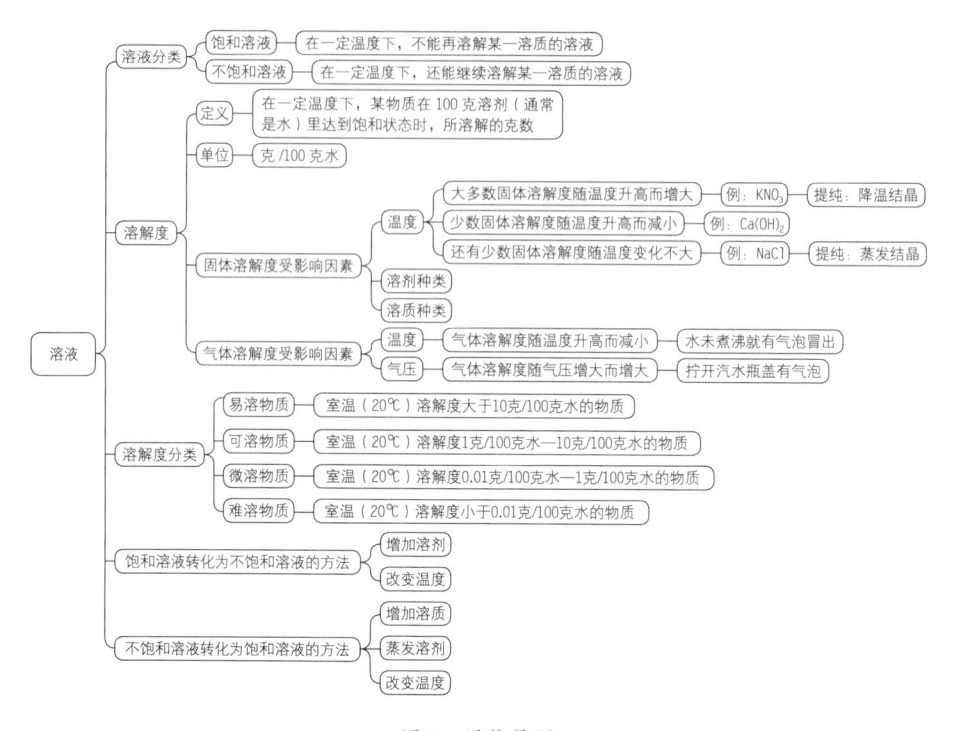

图 3 思维导图

哈蒂认为反馈需要与学习者所处的水平相匹配,要综合运用任务、过程和自我调节层面上的反馈。自主复习作业就是在过程层面,通过提问为学生提供策略上的暗示或线索,引导他们运用好的学习方法,使学生更有可能发展深层理解。

(三)运用 SOLO 理论,提升综合能力

后面几次作业中,又发现了新的问题:大部分同学能认真复习笔记上的内容,归纳梳理完成思维导图。但是,仔细察看作业,还是有细微差别的。如,以"水"为主题的思维导图,大多数同学作业中都复习了自来水净化、水的物理性质、水的化学性质、水的组成内容,这也是《溶液》章节中关于水的教学的核心内容。有位同学还复习了"水在化学实验中的作用"(见图 4 框

内),这部分内容是第二章《氧气》中涉及的水的用途。水是重要物质,很多反应需要水的参与,同时很多反应也生成了水,水与其他物质有诸多联系。从"SOLO水平"来说,该生已经从单点结构走向多点结构,但是多点结构还不够丰富,还未跨越到"关联结构",甚至"抽象拓展结构"。

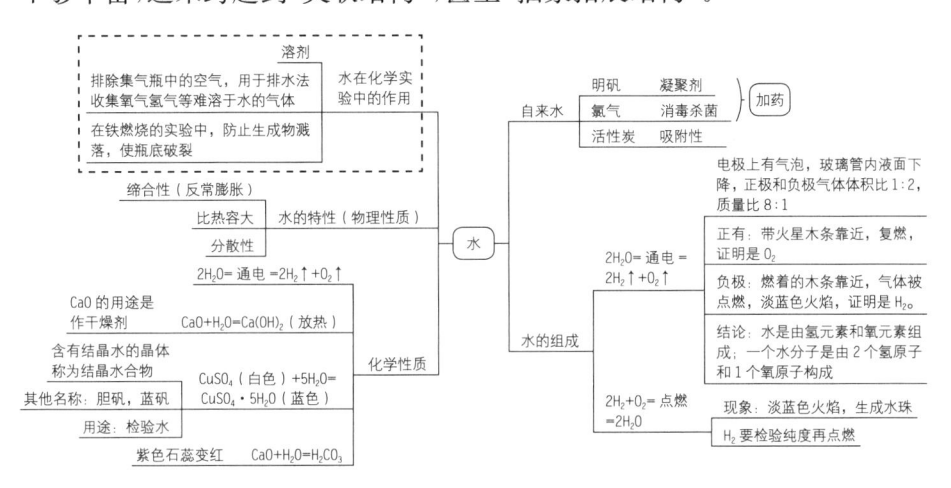

图4 以水为主题的思维导图

为了帮助学生从停留在书本、笔记的简单复习提升到综合、迁移式复习,我们就"水"这个主题开展了一节研讨课。我先抛砖引玉,提出问题:"化学是研究物质组成性质的科学,关于水的组成、性质同学们复习很到位,也很充分。关于水还有很多化学实验,你能联想到哪些实验或操作?"同学们联想到有"溶解""蒸发""稀释""排水法收集气体"等,由此进行了头脑风暴式的复习。

在讨论"水的组成"这一模块时,方同学提出疑问,氢气燃烧属于化合反应,水通电实验属于分解反应,从"合""分"角度可以证明水的组成。那么置换反应可以证明水的组成吗?原来也是可以的。证明水的组成背后的原理是质量守恒定律。后来沈同学又提出问题,氢氧化钠溶液和盐酸溶液反应也生成水,这一复分解反应可以证明水的组成吗?不行,因为溶液中带有水分,是否生成水不能看出,存在干扰。基于这一讨论,我补充道,利用氢气燃烧、氢气还原氧化铜证明水的组成实验设计时,氢气必须是干燥的。在讨论中,学生自己提出了进一步的问题,并做出预测和分析。

课后同学们完善思维导图(修改如图5),注意到宏观与微观的关联,物质之间的变化与联系,实验部分着重进行了复习。

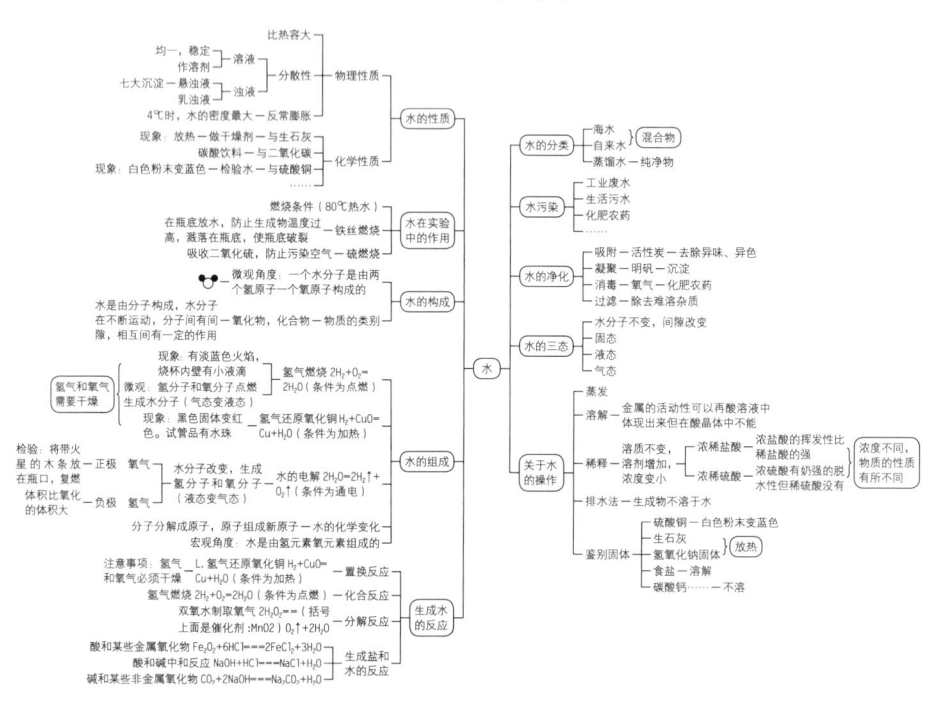

图5 完善思维导图

根据这次作业,我制定出自主复习SOLO框架,提供给学生,要求学生对照框架,提升自主复习的能力。

表1 自主复习SOLO框架

	自主复习(物质知识的复习)	自评等级
前结构	借助书本、笔记能说出该物质的某一点知识内容	★
单点结构	根据书本、笔记等用思维导图或对比图等呈现该物质主要内容,但内容还有需要补充的地方。	★★

(续 表)

自主复习（物质知识的复习）		自评等级
多点结构	能比较完整列出该物质组成、结构、性质、用途以及相关实验。并能呈现出该物质在其他章节的相关内容，或者与其他物质转化关系。	★★★
关联结构	能联系其他章节，对比物质的性质、思考物质之间转化关系，分析具体的实际问题（如物质的检验、鉴别或提纯等）	★★★★
抽象拓展结构	能选择利用思维导图、对比图、价类二维图等呈现复习成果。 基于物质的性质用途作出相关的假设、预测和推理。	★★★★★

在"碳及其化合物"的复习中，同学们复习得更为有效和有趣，且更有特点，更有自己的想法。除了思维导图形式外，还有自创的枝杈图，以及价态－类别二维图等。同学们对自己的作品娓娓道来，其他同学也纷纷点赞。从开始不会绘图，到后面熟悉方法，再到后面渐入佳境，形成自己的风格特色，"思维导图"的作业让学生们逐渐学会自主复习，复习也更融会贯通了。

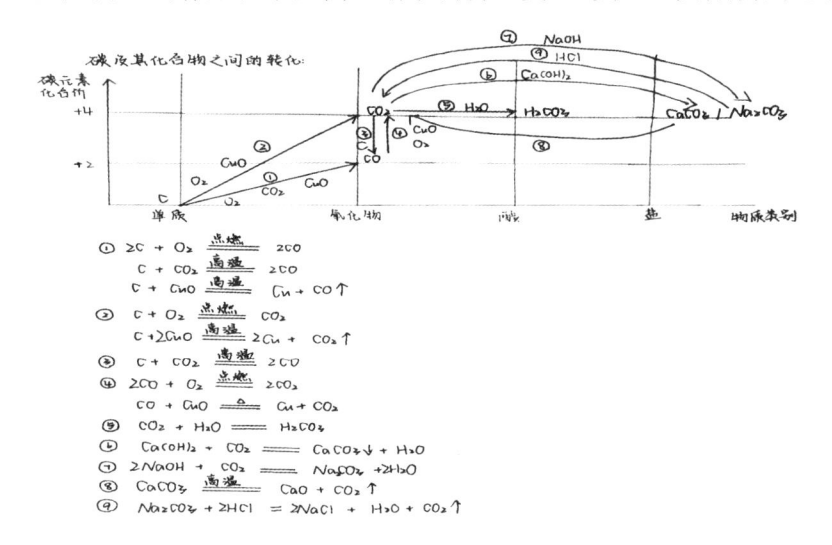

碳及其化合物之间的转化：

① $2C + O_2 \xrightarrow{点燃} 2CO$
   $C + CO_2 \xrightarrow{高温} 2CO$
   $C + CuO \xrightarrow{高温} Cu + CO\uparrow$
② $C + O_2 \xrightarrow{点燃} CO_2$
   $C + 2CuO \xrightarrow{高温} 2Cu + CO_2\uparrow$
③ $C + CO_2 \xrightarrow{高温} 2CO$
④ $2CO + O_2 \xrightarrow{点燃} 2CO_2$
   $CO + CuO \xrightarrow{高温} Cu + CO_2$
⑤ $CO_2 + H_2O == H_2CO_3$
⑥ $Ca(OH)_2 + CO_2 == CaCO_3\downarrow + H_2O$
⑦ $2NaOH + CO_2 == Na_2CO_3 + H_2O$
⑧ $CaCO_3 \xrightarrow{高温} CaO + CO_2\uparrow$
⑨ $Na_2CO_3 + 2HCl == 2NaCl + H_2O + CO_2\uparrow$

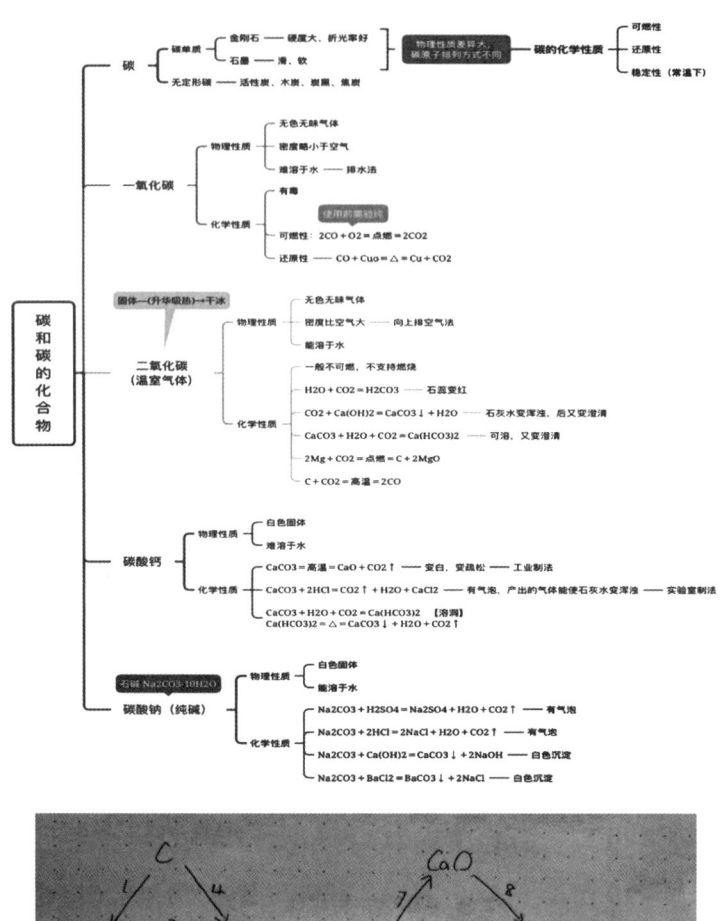

碳和碳的化合物

- **碳**
  - 碳单质
    - 金刚石 —— 硬度大，折光率好
    - 石墨 —— 滑，软
    - 无定形碳 —— 活性炭、木炭、炭黑、焦炭
  - 【物理性质差异大，碳原子排列方式不同】
  - 碳的化学性质
    - 可燃性
    - 还原性
    - 稳定性（常温下）

- **一氧化碳**
  - 物理性质
    - 无色无味气体
    - 密度略小于空气
    - 难溶于水 —— 排水法
  - 化学性质
    - 有毒 【使用前要验纯】
    - 可燃性：$2CO + O_2 \xrightarrow{点燃} 2CO_2$
    - 还原性：$CO + CuO \xrightarrow{\triangle} Cu + CO_2$

- **二氧化碳（温室气体）** 【固体—(升华吸热)→干冰】
  - 物理性质
    - 无色无味气体
    - 密度比空气大 —— 向上排空气法
    - 能溶于水
  - 化学性质
    - 一般不可燃，不支持燃烧
    - $H_2O + CO_2 = H_2CO_3$ —— 石蕊变红
    - $CO_2 + Ca(OH)_2 = CaCO_3 \downarrow + H_2O$ —— 石灰水变浑浊，后又变澄清
    - $CaCO_3 + H_2O + CO_2 = Ca(HCO_3)_2$ —— 可溶，又变澄清
    - $2Mg + CO_2 \xrightarrow{点燃} C + 2MgO$
    - $C + CO_2 \xrightarrow{高温} 2CO$

- **碳酸钙**
  - 物理性质
    - 白色固体
    - 难溶于水
  - 化学性质
    - $CaCO_3 \xrightarrow{高温} CaO + CO_2\uparrow$ —— 变白、变疏松 —— 工业制法
    - $CaCO_3 + 2HCl = CO_2\uparrow + H_2O + CaCl_2$ —— 有气泡，产出的气体能使石灰水变浑浊 —— 实验室制法
    - $CaCO_3 + H_2O + CO_2 = Ca(HCO_3)_2$ 【溶洞】
    - $Ca(HCO_3)_2 \xrightarrow{\triangle} CaCO_3\downarrow + H_2O + CO_2\uparrow$

- **碳酸钠（纯碱）** 【石碱 $Na_2CO_3 \cdot 10H_2O$】
  - 物理性质
    - 白色固体
    - 能溶于水
  - 化学性质
    - $Na_2CO_3 + H_2SO_4 = Na_2SO_4 + H_2O + CO_2\uparrow$ —— 有气泡
    - $Na_2CO_3 + 2HCl = 2NaCl + H_2O + CO_2\uparrow$ —— 有气泡
    - $Na_2CO_3 + Ca(OH)_2 = CaCO_3\downarrow + 2NaOH$ —— 白色沉淀
    - $Na_2CO_3 + BaCl_2 = BaCO_3\downarrow + 2NaCl$ —— 白色沉淀

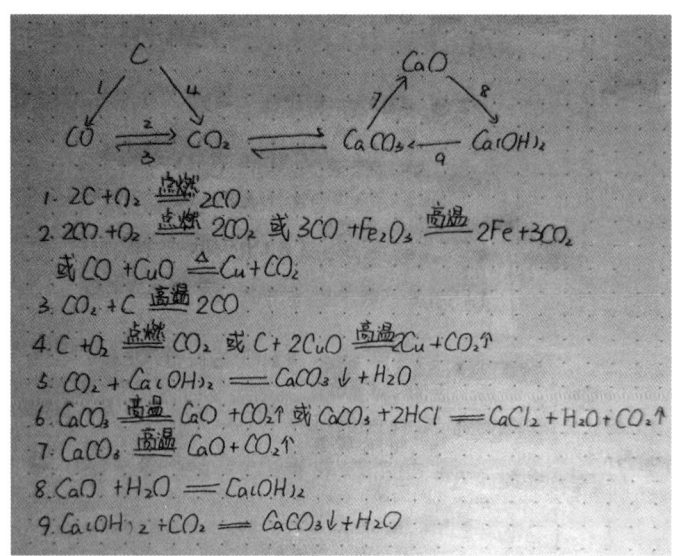

```
         C                        CaO
       ↙1 ↘4                    ↙7  ↘8
      CO ⇌(2/3) CO₂ ⇌(5) CaCO₃ ⇌(9) Ca(OH)₂
```

1. $2C + O_2 \xrightarrow{点燃} 2CO$
2. $2CO + O_2 \xrightarrow{点燃} 2CO_2$ 或 $3CO + Fe_2O_3 \xrightarrow{高温} 2Fe + 3CO_2$
   或 $CO + CuO \xrightarrow{\triangle} Cu + CO_2$
3. $CO_2 + C \xrightarrow{高温} 2CO$
4. $C + O_2 \xrightarrow{点燃} CO_2$ 或 $C + 2CuO \xrightarrow{高温} 2Cu + CO_2\uparrow$
5. $CO_2 + Ca(OH)_2 = CaCO_3\downarrow + H_2O$
6. $CaCO_3 \xrightarrow{高温} CaO + CO_2\uparrow$ 或 $CaCO_3 + 2HCl = CaCl_2 + H_2O + CO_2\uparrow$
7. $CaCO_3 \xrightarrow{高温} CaO + CO_2\uparrow$
8. $CaO + H_2O = Ca(OH)_2$
9. $Ca(OH)_2 + CO_2 = CaCO_3\downarrow + H_2O$

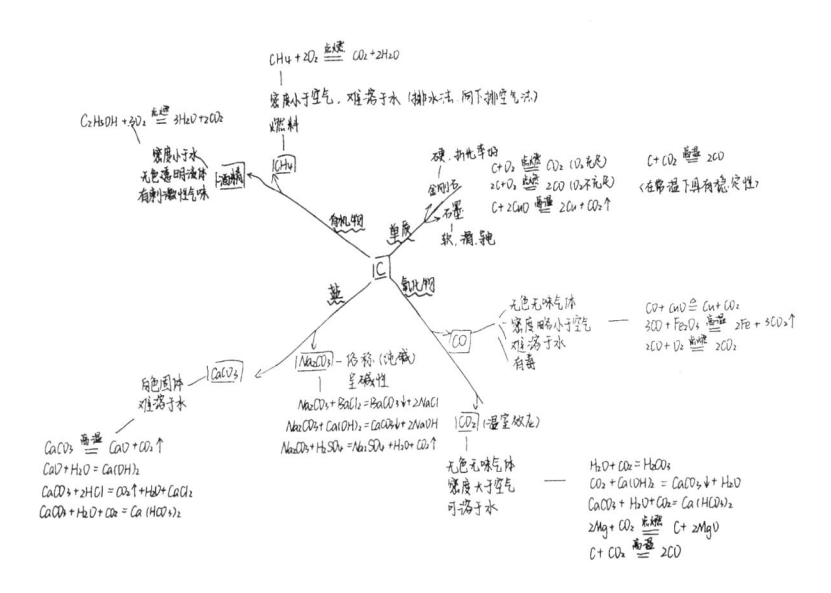

图6 思维导图作业

借助思维导图的复习支撑起线上教学,让我清晰看到学生学习状态和进步,复习逐级上升,可见而有效。在这个教学相长的过程中,我也深深体会到哈蒂反复强调的观点,即有效的反馈是告诉学生"下一步怎么办"的反馈,评分不能传达这样的信息。批改讲评作业中我一直提出三个重要问题:"我们要去哪里?我们进展如何?下一步去哪里?"学生也结合SOLO框架进行自我评价与自主提升。每个人都有差异,作业也不尽相同,SOLO框架下每位同学得到"加一"的个性反馈,使学习提升到下一个阶段。

四、多元反馈,增添个性化指导

不断熟悉线上教学时,我还发现了信息技术的优势,能更快速得到学生的反馈。如选择题可以使用"答题板"迅速了解学生答题情况,正确率和错选学生名单等。然后根据反馈情况选择详细讲解,还是粗略讲解,并与学生连线提问理解的困惑点。如果是小练习,还可以借助"问卷星"了解学生不同知识点掌握,比较班级间情况,采取合适的教学策略。填空题、简答题,可以在"互动面板"与全体学生互动留言。而对于综合性很强的实验题,则邀请学生连麦互动讲解,交流分析。作业除了常规作业外,我还会布置"语音"作业,说一说实验操作要点,或者说一说最近学习情况等。对作业中学生比较困惑的地方,还会录制视频进行讲解。

另外,借助信息技术也能将教师监督与鼓励及时反馈给学生。"钉消息"可以通知学生及时上交作业,"快捷评语"可以对学生最近的表现进行点评,"优秀作业展示"可以呈现认真工整的作业。杨同学是学习不太自觉的同学,以前在学校作业经常不做。但线上学习中,倒有几次能及时交作业,我马上用评语表扬:"为你及时交作业点赞。而且作业看得出是认真完成的,希望不会的方程式查找笔记,减少错误。我们一起努力。"方同学是位学习很认真的同学,但碍于学习难点上总有卡顿,学习成绩不太理想。线上教学期间,作业非常工整,自主复习作业也细致认真。于是我在评语中给她鼓劲:"作业非常认真,你也非常努力。你会是我们班的黑马,加油!如果有不会的地方可以给老师留言。"几次个别交流与互动后,同学们学习状态比较稳定,也都能主动参与学习中。

技术运用为反馈提供了新的方式和媒介,帮助教师获得即时的反馈,作出即时的诊断,选择不同的策略进行教学。技术的灵活运用,扩大互动面,点面结合,激发学生课堂参与意愿;丰富作业样式,发现教学活动中的不足,进行个性化指导,给予学生情感上的支持。哈蒂说:"有效反馈的本质是对话与理解。"学生在家学习,一个人的学习是比较孤单的,教师真诚、包容和尊重的互动反馈就显得非常重要。

五、总结与反思

(一)温暖萌生——营造反馈氛围

学生居家学习并非一个人在学习,他们仍然渴望得到教师的指导和同伴的帮助,渴望学校里的社交。可以轻松地听教师分析常见的错误,可以容易地表达自己的疑惑,可以自由地交流自己的观点。积极的学习反馈让学生萌生温暖的力量,获得学习的支持,形成积极的班风学风。

(二)温暖生根——建立成功标准

居家学习容易陷入茫然的困境。这时候需要师生共同建立成功标准,明确如何进行学习,落实到细节与措施。好比是汽车有了导航,建筑有了图纸。我行!我能行!这样的信心逐步建立。

(三)温暖延续——确立下一个目标

学生之间差异很大,如何让每位学生知道怎么学习更好呢?搭建一个学习的台阶,每位学生都知道下一步怎么办,如此获得持续学习的目标和动力。学无止境,但步履坚定。

山重水复疑无路,柳暗花明又一村,线上教学因反馈原理的使用而逐渐明朗而温暖。较线下教学而言,线上学习时教师反馈要更为紧密与频繁,且要及时做出反馈。教师不仅要做好引导者,激发学生反馈的兴趣,还要做好学生多方交流互动的润滑剂,让反馈更为顺畅。最为重要的是,要布置具有挑战的学习任务,慢慢引导学生进行自主反馈。

正如哈蒂所言,"反馈是一个没有得到充分理解和运用的教学工具。"还有很多内容我学习得还不够深入。如何有意识设计反馈,抓住学习机会,探知学生是否真正理解;学生接受反馈是有差异的,如何培养学生"反馈素养",帮助学生正确接受和解读反馈;如何综合运用信息技术,弥补线上教学的不足,等等。我会一边读书,一边继续实践。

10. 和孩子共同打造温暖的数学课堂

上海市浦东新区福山证大外国语小学　康逸芸

数学是美的,利用数学规则可以制作出多种多样的图形。如果在学生的脑海里,数学是一个又一个需要记忆的公式,是一道又一道需要解答的习题,是一本又一本的课外参考资料,那么在这样的情形之下,我们只是让多数学生学到了各种数学知识,却没有用真情去催发生命,用热情去感动学生,让学生真实地感受到数学之美。

知识是教育的边缘,知识的意义就在于内化为智慧,而智慧的动作,只有在生命中才有可能。回到生命,就意味着回到了教育的本源,于是,努力追寻教育的本真,打造温暖的数学课堂,成了我新的追求。

一、温暖的课堂长什么模样

2022年,我聆听了张齐华老师的一堂课《百分数的认识》,在他的课堂中很多新的想法、新的实践值得我们思考,其中最大的思考点就是鼓励学生多表达。张老师的鼓励方式比较特别,他是这样对学生说的:"让你的知道他们也知道,让假的知道变成真知道。"反思我们的课堂,也注重学生的表达,但是比较关注表达者的回答是否清晰准确,而他强调:"不光自己弄明白,还得将自己的表达变成他人眼里的明白。"张老师想使自己的课堂有新的改观,他不仅提出要求,而且给予学生工具,提示学生可以借助举例、画图、提问的方法使自己的想法变得更清楚。

在这堂课中有一个有趣的环节,在三位学生登场之后,张老师问全体学生听什么,该怎么听。学生哑然。张老师通过四人小组讨论,开启了真正倾听的模式。学生说:听有什么不一样、听懂对方的说话、我如何在别人纷繁复杂的表达中把握要点。学生说得多好,而这一切源于张老师的"死磕"。像这样,带着问题去听、带着比较去听、在错综复杂的表达中捕捉关键信息,这才是"真正的倾听"。

在课堂上,有这样一名学生,他由最初的表达"百分数比分数更贴近生活"到后面颠覆自己最初的结论,得到新的观点"百分数比分数更好比较大小",很多教学细节值得我们玩味!面对一个抽象的道理,我们可以借助举例的方法把一件事说清楚,很多对学生而言艰涩难懂的道理一下子就说明白了。如何把我的明白变成大家都明白,怎样让假的知道变成真的知道,在这件事上,作为教师的我们可以有很多做法。

张齐华老师的《百分数的认识》这堂课,让每一个孩子如沐春风,表达在萌发、观点在萌生、思想在萌芽……我想这大概就是温暖课堂的模样:课的开始要交给学生工具,过程中及时发现问题给出评价、引导,给孩子以支持、帮扶,当学生获得丰富的体验以后,及时梳理、强调、回顾,让学生体会到这样的学习方式可以使自己成为更好的学习者、更真实的学习者!

二、温暖的课堂有什么力量

近来五年级的学生正在学习列方程解应用题,我选择了书上部分练习作为课后作业,有这样一道应用题:机器厂技术革新后,每天节约钢材6吨,因此原来7天用的钢材,现在可用10天,现在每天用钢材多少吨?

常教五年级的教师知道这道题对不少学生而言有一定难度,第二天的批阅我特别关注了此题。"嘿!正确率较之以往高了不少!昨天的'三部曲'还真有效!"手中的红笔不停地划过一条条美丽的弧线。

所谓的"三部曲",就是我课前预设的三个核心问题。

第一步:回归自然的情境。收集并整理的前提是所提供的信息比较凌乱,但不是故意制造"凌乱",让纷繁信息的呈现回归自然的状态,要让学生切实感受到"根据要解决的问题,收集并整理相关的信息有利于问题的解决"。

第二步:关注策略的多样化。此时的学生已经具备一定的解决问题的能力,比如,将图形的面积与周长等计算公式作为等量关系式,抓住关键句分析等量关系式、画线段图找寻等量关系式、用列表法确定等量关系式等,所以一定要大胆放手让学生自主探索,鼓励学生运用自己的思维方式自由地思考问题、运用自己的表达方式自由地发表意见、运用自己的学习方式自由地学习交流。

第三步:允许学生个性化地学习。学同一道应用题,对有的人来说是一个问题解决的过程,但对有的人来说可能仅仅是一种习题的练习;有的人解题的过程是探索性的尝试、发现与解决的活动,而有的则只是同一种策略、方法、思考,甚至是手段的重复活动。

手中的红笔在雀跃,美丽的弧线在流淌……

学生们所列的方程是通过解决问题的策略——列表法完成的,有效地整理了相对应的信息,自然提升了解题的正确率。正当我陶醉在美丽"三步曲"中时,这样一个方程出现在我眼前:(10－7)X＝6×7。

"是家长教的?""是将原来的方程变形得到的?""是猜的吧?"……一连串的问题跃入我脑海。总之,他列出的这个方程挺难解释的。按照惯例,我在这样学生的作业上打个"?",并以婉转的口吻请他在课上解释给大家听。

在课堂上,我开门见山地问道:"王同学,你是怎样思考的,能解释吗?"

他点点头并迅速站了起来,解释道:"6×7 表示现在 3 天用钢材的吨数?"说话中透着一股自信。

我赞赏地看着他,嘴上仍不依不饶:"你怎么知道6×7表示现在3天用钢材的吨数,这你又怎么解释?"周围的同学也随声附和道:"为什么?"

他轻轻地说道:"康老师,我能上台讲吗?"

"当然行!"我立即表示同意。

"这道应用题,理解起来比较抽象,我现在借助图形来理解题意,则会化难为易。"他的这番话令我大吃一惊。

他很快地在黑板上画了一幅面积图,并继续道:"图中 AD 表示原来每天用钢材的吨数[(X+6)吨],DE 表示比原来每天节约的吨数(6 吨),BH 表示实际比原来多用的天数[(10-7)天],AB 表示原来用的天数(7 天)。由于长方形的一边表示每天的工作量,一边表示工作时间(天数),所以相应长方形的面积表示工作总量。因为工作总量是一定的,所以长方形 ABCD 与 AHGE 的面积相等,由此可以推出长方形 BHGF 与 EFCD 的面积也是相等的。即现在 3 天用的钢材吨数就是 6×7。"

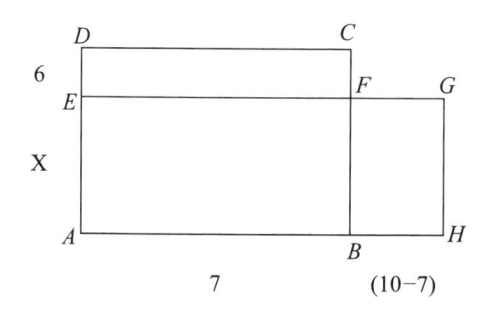

图 1　3 天用钢材吨数面积图

"太棒了! 太棒了!"我不由得叫出了声,我的心情当时久久不能平复。

我真的没有想到这位学生会想出这么巧妙的方法! 开始时我想通过设计的几个问题促使这位学生的思考做到有理有据,但是当我倾听了他的方法后,我的心里真的受到了很大的震撼。我们的学生真了不起! 你只要给他们一个机会,他们就会还给你一个惊喜,不,是很多的惊喜!

我想这就是温暖的课堂给予学生的力量吧!

三、温暖的课堂需什么营养

众所周知,数学知识更多是理性的、抽象的、固化的法则和定理,缺乏"生命性"。为弥补这个"不足",我认为教师应从内心真正放下权威的姿态走到学生背后去,从改变学生情感入手有效打造有温度的课堂,更应引领学生深度学习不断提升温暖课堂的品质。

营养一:从内心真正放下权威的姿态走到学生背后去

"建构主义"教学观认为,学习不仅是知识由外到内的转移和传递,而是学习者主动地建构自己的知识经验的过程,即通过新经验与原有知识经验的反复的、双向的相互作用,来充实、丰富和改造自己的知识经验。正是因为人的心灵具有自觉能动性,所以学习过程是学习者自身主动建构的过程,是对事物和现象不断解释和理解的过程,是对既有的知识体系不断进行再创造、再加工以获得新的意义、新的理解的过程。

在新课程背景下,越来越多的教师开始反思传统课堂教学的弊端——注重书本知识,不注重知识的实际价值,抽象地研究知识,学生学习的目的不是为了应用,而是单纯地为了掌握知识,教学严重脱离学生的生活实际,学生学得枯燥乏味。基于"建构主义"教学观的理论观点,我认为教师应放下权威无边的态势让学生走到台前,让学生在合作与交流中完成自身知识建构的同时提升学生主体意识和主动精神。

简单地放下代表权威的面具不难,但让教师从内心真正放下权威无边的态势走到学生背后去,并非易事。例如在教学乘法运算定律时,经常是教师引导学生通过几组算式结果的比较,发现得到它们的特征,如:(3+5)×2

$=3\times2+5\times2,10\times(7+2)=10\times7+10\times2$等;然后从具体到抽象,概括得到"乘法分配律"的概念及相应的字母公式,即$(a+b)\times c=a\times c+b\times c$,并反复强调在运用时应做到"公平分配",在等式的两边都有加法这样的运算等,接着运用乘法分配律进行简便计算。在练习过程中,发现问题,解决问题,并加以总结。这样的教学,应该说是完整的,从让学生接受数学知识的角度来说也是奏效的。但是,回过头来思索一番,不禁心头一惊。原来我们的学生依然处在被动的吸收者的位置上,教师与学生的关系还是"操纵——依附"式的关系,学生数学能力的发展是微乎其微的,甚至可以说没有。是啊,这里的学生始终被教师的指挥棒影响着,更别提展现学生的自我个性了。

优秀的教师会清晰地、客观地认识到自己在课堂教学活动中的价值,不会随意地抬高,更不会刻意地贬低。但明白道理不等于就能让教师有效开展课堂教学,既然教师只是学生知识建构的帮助者,那么如何有效帮助学生进行知识建构呢?首要的一点就是从内心真正放下权威的姿态走到学生背后去。

营养二:从改变学生情感入手用心打造有温度的课堂

你知道"学生智商的开发性"吗?即学习成绩=情感×方法×智商。学生可改变空间最大的是学科情感,而学科情感也是学生学习的前提;学习方法虽然可以改变,但学习方法极具个性,更需要学生琢磨;学生智商基本不可改变。新的课程教材教学中也强调教学必须关注学生情感态度的发展,把学生情感态度的培养渗透到学科教育和教学之中。

首先,构筑平等的师生关系,为温暖课堂奠定基础。在我的课堂上,允许学生对教师的上课、对同伴的练习"评头论足"。这样做的目的有几个方面:一是促进教师教学严谨、一丝不苟;二是提高学生的学习兴趣,要评价教师和同伴,必须认真听课,才可能有机会;在我的批阅中,同样允许学生对教师"找茬"。在我20多年的教学中,批阅正确率高达99%以上,在受到学生钦佩的同时,也潜移默化地影响了一批又一批的学生,更为学生建构知识创造了良好的氛围。

我始终认为,平等的师生关系会对学生知识的建构起到积极的促进作用。你的勤奋、你的认真、你的投入将在孩子的心中埋下一粒种子,它会长大、长高,长成参天大树。

其次,展现教师的人格魅力让温暖课堂成为可能。于漪老师曾言,教育无选择性,每个学生都是礼物,只要生长在这块热土上的孩子,都要真心实意、全心全意地爱他们、培养他们。她的"三段两思"更是影响了一批又一批教师。我想,要让我们的学生对数学充满热情,能自觉建构数学知识,那么自己首先对所教知识有高涨的热情和一改再改的勇气。

"我们总是在接受着影响"——或是手中的这本书,或是周围的人或事、抑或是他人的一个眼神、一句话……,而这些影响或许就会改变你的人生。像这样,以人影响人,即以教师的建构来触动学生的建构,真正展现了我们的教育应该充满着智慧。

营养三:引领学生深度学习不断提升温暖课堂的品质

因疫情,教学的场景由线下转为线上。对于低年级学生而言,他们在小学阶段的学习刚刚起步,信息技术操作能力很一般,那么如何在线上教学中实现学生深度学习,使得学生的发展具备未来性、发展性,这就需要教师深入思考、把握策略、不断实践提升温暖课堂的品质。以空中课堂沪教版一年级第二学期计算游戏为例。

计算游戏

沪教版数学一年级第二学期(试用本)P4 有这样一道题(见图 2)

课本 P4 第 6 题

6.*用小圆片摆一摆，试一试。

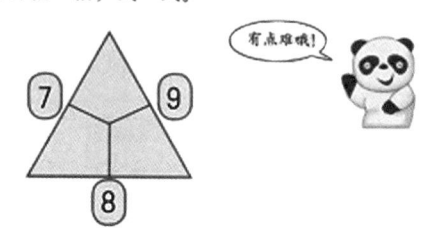

有点难哦!

图 2　课本 P4 第 6 题

生 1:略

生 2:因为底边上的结果数是 8,我就想 8 的分与合。分别有:0 和 8;1 和 7;2 和 6;3 和 5;4 和 4。我注意到左边的结果数是 7,右边的结果数是 9,所以左下方的数比右下方的数少 2。我找到了 3 比 5 小 2,所以左下方填 3,右下方填 5。再根据 7-3=4,9-5=4,都是 4,我一次就成功啦!

像这样,三个结果数已知,三角形三个区域内应填什么数？这类探究题学生不一定能直接得到答案,一般情况下他们需通过摆圆片尝试寻找到解。在线下教学中,教师会指导学生通过尝试、合作,学会自己探究结果,从而获得成功的快乐。在课前我先做了两个维度的思考与分析,一是面对教师,二是面对学生。对于教师,方法是多样的,且无须尝试就能使问题得以解决。稍加分析,我们就知道左下方和右下方两数之和为 8,两数之差为 2,利用"和差问题"解题策略立即到达目标。对于一年级学生,可能出现哪些方法以及适合一年级学生的策略呢？我做了如下预设,学生已有的知识基础是数的分与合,可以引导学生利用旧知解决新问题,当然为了提高策略的有效性,在学生探究过程中逐步形成经验,建议从最小数入手有序分拆以减少尝试的次数,再通过检验、修正解决问题。

但是由于在线课堂的特殊性,在"空中课堂"中执教者借助某位同学的发言直接介绍了解决问题的策略。剖析一下这个教学环节,感叹让学生错失了一次极好的探究机会。是啊,在真实的课堂中,教师会经常营造一种师生思想与情感共鸣的境界——一个教学的 AHA 境界。AHA 是一个英语单词,而且只是一个惊叹词,翻译成汉语就是"哎呀"的意思。我们可以想象一下这样的画面,学生们在积极探究中获得成功、取得收获时会心地一笑,不由自主地点头、情不自禁地发出"哎呀,我怎么没有想到!""哎呀,这个方法太有趣了!"的感叹。

像借用小巧、小亚、小胖、小丁丁四个小伙伴的发言代替学生探究的这种情况在"空中课堂"中经常出现。的确,新冠疫情给我们的教学带来了很多困扰,但是却也倒逼我们思考如何引领学生进行在线学习模式下的深度学习。以这节课为例,我把教学重点从"找寻策略"转化为"为什么左下方的数比右下方的数少 2",这样的一个转变,同样营造出一个 AHA 境界。

优秀教师知道小学生好奇心强烈,他们脑瓜里随时都可能进出几个"是什么""为什么"。孩子的视角新颖独特,如果我们在开展课堂教学活动时能有意识地捕捉这些小问号,能经常"蹲下来"看看孩子的世界,一定会有更多的发现,课堂教学的内容将更加丰富多彩。正如西方一句谚语中所说的那样:"你可以将马拉到河边,却无法强迫它喝水。"温暖的课堂不应该忽视学生的主观需求,而应该让学生把学习当作自己的一种自觉行动,只有来源于学生内心的渴求,学生才会学习得情趣盎然,掌握得根深蒂固。

11. 假如"兴观群怨"在当代课堂

上海市浦东新区曹路打一小学　潘志燕

有一天,"兴""观""群""怨"四个好朋友,从《论语·阳货》里跑出来,来到了小葵花小学。

一、逛校园

四个好朋友听到礼堂传来声音,好奇地走进去。小葵花小学的校长在给老师们讲他做评委时的故事:有一个打扮得非常漂亮的老师,在请学生回答问题时,学生始终没有说出老师预设的答案,老师着急地一边跺脚,一边说:"你再想想,你再想想。"另一节课里,老师请学生回答时,学生的答案明显超出老师的预设,老师"哎呀"了一声,肯定了他的回答并微笑着把掌声送给了他。校长边说边表演,惹得场下的老师们都笑起来。四个好朋友想,"你再想想"和"哎呀",谁会赢呢?

他们又来到了一间办公室,看到一位老师在劝另一位要上公开课的老师,如何"正确"上公开课。他说:"我上小学时,老师要上公开课,会把答案都告诉我们,谁回答哪一个问题,都安排得明明白白,被安排到还觉得很光荣呢,说明我是中等以上的学生。老师还告诉我们,知道的举左手,不知道的举右手。那节课上得可精彩了。"另一位老师还在犹豫,这样好吗? 只听这位老师依然在滔滔不绝地讲自己如何完美地配合老师。四个好朋友疑惑地看看对方,这样好吗?

过了一会儿,他们坐到了一间教室里,听到老师在提问:"都听懂了吗?

没听懂的举手,老师再讲一遍。"全班齐刷刷地回答:"听懂了!"老师满意地继续讲下去。四个好朋友不由得竖起大拇指,现在的老师、现在的学生可真厉害啊!

二、去看书

四个好朋友来到了校图书馆,饶有兴致地看起了一本心理学的书。出来后,他们议论起来。"书上说,人的大脑最大的特点是喜欢走捷径。大脑害怕不确定性,不确定性带给我们的压力,比确定性更大。""所以上公开课的老师,还有那个'你再想想'的老师,他们都希望把课堂的不确定性降到最低,让学生的回答都在自己可掌控的范围内,这样,大脑的压力就小很多吧。""我看到一个词叫'多元化无知',我们对于他人脸上的表情的判断,有时候是会出错的。刚刚那个问'都听懂了吗,不懂的举手'的老师,她看到的可能是一种假象,或许有不少同学是因为别人看起来都听懂了,自己就不好意思举手了。""老师害怕不确定性,学生害怕出错,课堂中没有容错扬长,没有课堂质疑,没有好的互动,那这样的课堂氛围,似乎不太好啊。"

逛了一圈校园,看了会儿书后,四个好朋友除了对"哎呀"的老师比较满意外,开始对小葵花小学的课堂氛围产生担忧。于是,决定走进礼堂,向老师们介绍自己。

三、进礼堂

(一)"兴"说——我是不吐不快的情感

孔子的教育,是师生间互相激发的教学相长的教育。大家都知道子路、颜回等孔子学生的名字,这也是孔子伟大的地方之一。孟子有哪些学生?

老子有哪些学生？似乎在后人看来都差不多。而孔子的学生个性鲜明，因为在他的课堂上，学生是可以畅所欲言的。我知道有些老师担心学生的"畅所欲言"会影响自己的课堂教学，一个班级有几十个学生，老师们有规定的教学任务，确实很难达到"各抒己见"。但是，这种不吐不快的情感是可以在一个好的课堂氛围里被唤醒的。学生说了一个与众不同的答案，对知识点有疑惑，老师"哎呀"一声，表示赞同或表达出"我很想和你下课继续探讨"的愿望，学生感受到自己的情感被认可。如果学生在开始上这节课之前，已经有了想要学习知识的情感冲动，这就是"兴"，我能让课堂氛围轻松不少。一个老师进了课堂，随着课堂铃声的响起，学生学习的愿望被勾起。通过课堂，一个孩子的内心充满生命力，产生渴望学习的动力，这是"兴"导入的课堂氛围。

（二）"观"说——我是敏锐的洞察力

"教"与"敩"（学）本是同源字，是同一事物紧密相关的两个方面。孔子做三千多人的老师，始终贯彻的是教学一体的思想。在课堂中，他会观察学生，他知道每个学生的悟性是有差异的，对自己学生的学习能力和接受情况有较好的掌握。课堂是充满偶然与变数的，而老师如果一味地"走流程"，"过内容"，"都听懂了吗？"是没有办法发现多元化无知下的从众心理。教师首先要有敏锐的洞察力，才能让课堂有真实的氛围。而学生的观察力也会受到教师的影响。孔子希望他的学生们经常和他坐在一起讨论问题，这样也能培养他们的观察能力，让他的弟子们有思想。学生会观察课堂，观察教师教授的状态，观察同伴的学习情况，观察知识的迁移性，把盲从降到最低。观的最高境界是自动化，知识在洞察中，自己跳到脑子里了，想摁都摁不住。这是"观"激发的课堂氛围。

(三)"群"说——我是群体学习意识

"静听"被归为传统的教学模式。于是,现在的课堂,尤其是公开课,在互动式学习上动足了脑筋。就比如座位安排,有秧田式、会议式、环形式、马蹄式、模块式等,仿佛这样能为课堂的群体学习氛围加分。的确,如果做好前期的研究,并且多在学生中尝试,能取得一定的效果。然而,真正的群体学习意识,是"学习共同体"概念的深入,是老师给予学生合作学习的时间,让学生拥有哪怕几分钟短暂的共同探讨时光。在这样的课堂群体学习氛围里,在小组合作学习之后,有时候没有达到老师预期的目标,有时候达到了目标,但是大多数的时候,学生的知识接受度是超过了老师预设的目标,学生学到的比老师期望的要多。他们在学习过程中互助互补,找到成就感和归属感。从"独学"到"群学",充分发挥学生的潜能,让课堂鲜活,让氛围浓郁。这是"群"营造的课堂氛围。

(四)"怨"说——我是独立思考的精神

大家别误会,我不是抱怨。我是批判性思维和独立思考。很遗憾我在当今的课堂上,看到的"怨"有些少。我们容易生活在"信息茧房"里,喜欢确定性和已知,大脑的一个特点就是省力,也就是"认知吝啬鬼"。如果课堂被"信息茧房"包围,学生的独立思考、独立判断、勇于探究、好奇心、想象力都会逐渐消退。智慧的课堂就是与不确定性共舞。上课时,出于对课堂、对老师的尊重,可以简单地发表意见,但应该保留这一份不一样的想法。通过独立思考提出一个问题,比回答一个问题更可贵。做学生要"怨",做老师也要"怨"。孔子说:"非也,予一以贯之",他有判断力和独立思考的精神,这是他的核心能力。他所说的"温故而知新",温故是知识,知新就是保持独立思考的精神,有知识且有判断力的人才能做老师,才能带动"学起于思,思源于疑"的课堂氛围。这是"怨"碰撞的课堂氛围。

四、留信件

四个好朋友得回去了,走之前,他们写了一封信留给小葵花小学的老师们。

小葵花小学的老师们:

你们好!很高兴能来到当代课堂,感受了现代教育的魅力,也阅读了很多现代教育的书籍。我们都认同,老师每一节课都需做好充足的教学准备,完成适切的教学任务,而教学任务的完成是由课堂氛围的创设来实现的。我们四个出自圣人之言,千百年来历经无数教育者的实践,相信依然可以为现代的课堂氛围带来温度。同时,对于课堂氛围,略有拙见:

(一)尊重不同观点,反思自己的观点

好的课堂氛围,就是伏尔泰说的"自己独立思考,并让他人同样享有这样做的特权"。要毁掉这一点很简单,就是教育者的自以为是。"权威"是很多老师要在学生面前维持的,有些老师,做老师久了,养成了"课堂上你就得听我的"的意识。而今的学生,接触知识的途径非常广,有时候提出的想法,值得老师们反思自己的认知。

我们思考一个问题:"在课堂上,我们是要赢得学生,还是要赢了学生?"请细品一下。当学生发出不同但可能正确的观点时,老师是尊重其观点,让学生赢得自我,还是我们以"教师身份"非得赢了学生?课堂上老师习惯做赢家,学生就习惯做输家,输在没有尊重学生观点的课堂氛围中。

下一次,当你的学生在课堂上提出不同观点时,不妨试着用温柔、肯定和鼓励的语气以"是的"开头。"是的,我觉得你说得很不错,如果……但是……"然后欢迎他下课继续探讨。一个学生,当听到老师说"是的"时,他

的心态就是开放型、接纳型。"是的"就像给孩子先吃一颗糖,孩子们都喜欢吃糖。希望孩子们能处在这样一个课堂氛围中:老师对他说"是",他对学习说"是"。

(二)让孩子在错误里多待一会儿

很多时候,学生一起来回答问题,前几个字说错了,老师就急不可耐地请他坐下,没有想要听完他的回答。我们能理解老师课堂时间的宝贵,理解想让下一位同学回答的急切,但是学生没有得到这个知识回答错的结果。让孩子在错误里多待一会儿,并不是不要去纠正他的错误,而是要先让他把话讲完。一个普通教师和优秀教师对学生课堂学习上犯错误的理解,前者把犯错误叫犯错,后者把犯错误叫试错。我们要明白,学生多久能学会,除了老师教得明白、教得强烈,学生自身的试错也很重要。

现在的教学环境,常常以一个老师讲课讲得标不标准,老师的体态语是否丰富,板书是不是很精致来衡量,而如果更多地去观察这个老师课堂上是不是允许学生多发言,从学生发言中体会他到底是懂了还是不懂,他的盲点和误区在哪里,这样是不是一个重要的课堂考量标准?让孩子课堂上的每一次错误都变成学习的机会,并在错误里多待一会儿,可以提高学生的思维密度、广度和深度,学生也感受到老师的聆听,更愿意表达自己的想法,哪怕错了也不怕。

(三)拆掉阻碍温暖的课堂氛围的"墙"

1. 第一堵高墙:安全感缺失

安全感缺失导致的直接后果就是自我限缩。孩子虽然不喜欢现在的课堂氛围,不喜欢跟着别人一起说"懂了",虽然也有过纠结,要不要鼓起勇气举起手表达自己还不会,但他又恐惧在没有容错扬长的课堂氛围里,这么做意味着什么？意味着,我提的问题可能是一个傻问题。因为这份害怕,他宁愿哪里都不去,留在老地方,获得安全感,甚至会的问题都不举手。而如果老师告诉孩子:"如果你很需要知道这个问题的答案,那么它就不是傻问题,也不是小问题,只要它是你的问题,你就说出来,上课来不及,下课也可以。"这样简单的话语,就能拆掉这一堵安全感缺失的高墙。

老师和学生在开始上课前,都有足够的情绪安全感,老师像是和老朋友分享自己的知识技能,学生像是和一位长者探讨问题。这不是理想化,这是具有可行性的拆"墙"行动。

2. 第二堵高墙:不感兴趣

"兴趣是最好的老师",一个温暖的课堂氛围,孩子们上课之前就会充满兴趣;反之,就竖起高高的一堵墙,老师看到的都是正襟危坐的学生,学生看到的是一个一直张嘴的人。学生在上某一门课之前会有一些非正规的想法,也就是"发展性定型",如果课堂的氛围紧张、压抑,学生就没有兴趣把这些非正规的想法转换和定型。还有课堂中老师的语言,比如"这个题目很难,你们认真听,不然都得做错"这是一个被告知的语气,你们猜,接下来很多人是感兴趣地听,还是算了,反正老师都说了这个很难。如果我们说"这个知识点我讲了多少次了"这句话有时候就是一种强迫,甚至是一种攻击,攻击学生的学习兴趣。

歌德说:"哪里没有兴趣,哪里就没有记忆。"课堂中老师的反复性、重复性、不放心性,让学生只是在做复制工作,被动状态下学生的记忆效果是低下的。想一想弗洛伊德问的一句话:"你说在茫茫大海上,决定冰山飘向哪里的是露出水面以上10%我们看得到的部分,还是水面以下我们看不到的90%的部分?"水面以上是孩子的上课行为,水面以下是他们的需求。如果老师只在乎看得到的10%的被动学习,那着实是可惜。这也就是另一个更可怕的"不感兴趣",是老师对挖掘学生的思维性不感兴趣,每节课沉迷于

"学会了没,听懂了没,记住了没"这些封闭式的语言中,对学生要表达什么不感兴趣。这堵"高墙"会让课堂氛围很冰冷,必须拆!

3. 第三堵高墙:心理暗示

在很多学生心中,都觉得老师是高高在上的,老师课堂上讲的每一句话都是正确的,这种强烈的心理暗示,很大一部分原因是因为课堂中师生之间发言比例的严重失衡,即"一言堂"。当今课堂,除了美丽的公开课外,大部分的课还是存在很严重的一言堂现象。老师背教案背得很熟练,老师说的话非常连贯,给学生造成极大的心理暗示,老师这么厉害,我们怎么说都超不过老师,我干脆不说了吧。这是学生的心理暗示,这样的心理暗示会使得学生无法前行。

在一些老师心中,觉得班级学生的水平有限,老师成了知识的"垄断者"。不如来个"皮格马利翁效应"拆了这堵心理暗示的"墙",努力做学生寻求知识过程中的"合作者""引导者",用热切的期望来产生思维火花的奇迹。

学生如果将不积极的心理暗示传递给老师,老师又将不积极的心理暗示返还给学生,这样的恶性循环,会造成非常不和谐的课堂氛围。拆了这堵"墙",心理的距离近了,彼此也就信任了。

(四)巧用辅助教学

平时的课堂中,老师的肢体动作、语音语调、一个鼓励的眼神,能让课堂气氛轻松愉悦和谐。我们听说有一个73855定律,是一个不错的研究。55%来自肢体语言,也就是,没有这55%的吸引,7%的说话内容也达不到效果。所以,不要吝啬自己的微笑,这小小的温暖会燃烧整个课堂。多传递眼神,对表现好的学生投以赞许的目光,让他们体会成功的愉悦;对回答错问题的学生传递温暖的目光,消除消极情绪;对调皮的学生给予坚定有力提醒的眼神，让课堂和谐的氛围不被打扰和中断。课堂上适当的走动和手势，能够传递信息，表达情感，拉近距离。当代课堂中，最厉害的"武器"之一就是多媒体信息技术，图文并茂，声色俱佳，动静两相宜，好好利用它，为课堂氛围助力。

课堂氛围是笼罩在课堂中的特殊气氛和情调的理想状态。不是我们的每一次进课堂都要达到理想状态，而是我们要朝着理想的状态去不断努力。困难的最大威力，就是它赌我们不敢去面对。不是要为课堂氛围打 100 分，而是要力所能及地把我们可以提供给学生的好的课堂氛围发挥出来，每天如果让自己发生 1°的变化，就是一个方向性的改变，只要坚持下去，就可以做一个温暖的教师，拥有温暖的课堂。

我们在逛校园时，在你们校园的墙壁上看到一句话："教育本质是一棵树摇动另一棵树，一朵云推动另一朵云，一个灵魂唤醒另一个灵魂。"这样的教育本质很美，也源自老师们对每一节课课堂氛围的构造。听说现在出现了"双减"这个新名词，让好的课堂氛围为这个新名词添砖加瓦吧！

期待和你们成为好朋友的"兴观群怨"留

12. 容错扬长有宽度，以人为本有温度

上海市民办中芯学校　徐少银

教者，教人求真；育者，育人为善。十年树木，百年树人。教育的过程是一个漫长且充实的过程。在我20多年的教育教学生涯中，从开始教授知识到后来的传道授业，我逐渐明白了什么是真正的教育，什么是学生们喜欢且期待的课堂教学。

传道授业解惑，教师任重而道远。在如今的课堂教学中，除了教学方法，管理模式等对课堂氛围的营造也尤为重要。营造宽松自由、充满激情的课堂氛围会使整个课堂充满生机与活力。[①] 入芝兰之室，久而不闻其香。环境对人的影响是潜移默化的，一个好的课堂氛围会让学生产生更浓厚的学习兴趣和更高效的记忆效果，主观能动性的调动和创新思维的生成都离不开良好的课堂氛围，气氛活跃和死气沉沉，所产生的听课效果是有明显不同的。目前在从事语文和写字教学的我，更是感到课堂氛围对于教学是多么的重要。写字本身就需要学生静心凝神，对每一个字的笔画都要认真对待。倘若还是运用死板的教学方法和传统的灌输教育，很难让学生爱上这门课程，反而会使学生产生厌学情绪，最后严重影响教学效果。

教学要凸显育人价值和人文关怀，侧重学科思想价值的学习和教学过程本身的意识引领。20多年的教育教学实践，让我积累了丰富的教学经验和与学生相处的方式方法。

---

① 段起华.营造宽松氛围，催生高效课堂[J].中学教学参考，2016(29).

一、容错扬长有宽度

人非圣贤,孰能无过。在课堂教学过程中总会遇到性格、知识水平不同等有诸多差异的学生,他们在课堂中难免出现各种各样的错误,对此,我渐渐克制自己的脾气并锻炼出一种包容错误、允许质疑的氛围,并将这些融入学科教学和师生互动交流中,效果明显。

(一)容错——鼓励质疑

教师提倡学生在课堂上实施"群言堂""一起喊",另外还要积极允许学生对教师的授课"吹毛求疵""评头论足"。[1] 所谓师不必贤于弟子,弟子不必不如师。我认为教学过程是一个相互学习求真的过程,要允许学生提出质疑,在提出质疑后仔细研究可取之处,对其进行解答和纠错。我不搞"一言堂",教师也不是圣人,不是每一句话都是对的,所以学生的质疑很重要。鼓励质疑不仅能营造宽松的课堂氛围,还可以广开言路,让学生发散思维,创新创意,在质疑中成长,在质疑中完善自己。

目前,我除了带一年级一个班的语文课,同时还带四年级硬笔字课和五年级软笔字课,带的班级也很多。班级中许多学生前期没有养成良好的书写习惯,这也导致学生的书写程度差异很大,因而我在写字授课时会受到一些阻碍,比如每个学生的书写水平不同、每个学生对书写汉字的认识也不一样,这就导致我无法同时同水平地进行教学活动,整个教学过程进行缓慢。但是我鼓励学生对我的教学内容和方式方法进行质疑和提问,有什么不满意和不理解都可以提出来。有些学生会问"为什么会有汉字?""汉字又为什

---

[1] 刘洪香.教师要鼓励学生在课堂上质疑[J].考试周刊,2018(84).

么叫汉字?""我们国家的汉字和别的国家的文字为什么不一样?"……这样一来,我发现了大部分学生还是对写字课程感兴趣的,而且也都希望练一手好字。所以我继续保持让学生们提问、质疑、找错的方式,他们从一开始小心翼翼地提出一些无关痛痒的问题,到后来许多问题与我不谋而合。渐渐地,我带的写字课班级学生们更加喜欢写字了,而且书写进步飞快。不光如此,所带写字课班级的班主任老师也反馈说学生很喜欢上写字课。学生积极乐观,对课堂充满激情,我想,这大概就是在课堂上鼓励质疑、让学生们勇于提出问题的原因吧。

当然,好的建议我会采纳,错的质疑也不会打击。我通常是总结好几个有待商榷的问题,组织学生进行5—10分钟的小型辩论,让他们自己去发现在写字课堂中的一些问题和明白自己需要怎么改进。在我的课堂中,对学生们的质疑和提问都是来者不拒,不会对他们进行批评,有的只是和他们交流沟通,有个别不太理解我的学生我会耐心沟通,私下里多找他聊天。我从不在学生面前摆出老师的架子,一直都是像他们的家长一样和他们交流,找共同话题,鼓励他们像朋友一样对我的做法提出意见和质疑。在我的课堂中,总会听到学生们的各种提问和质疑,课堂氛围活跃、热情、积极。

(二)容错——允许犯错

学生犯错是班级生活的常态,面对犯错的学生,讲究评价艺术,通过自述自评明辨是非,选择时机,把握分寸。[1] 我做过教育管理者,当过任课教师,也做过班主任,发现最懂得感恩、最有创造性思维的孩子,总是那些在课堂中不老实、常犯错的学生。所以我觉得只要学生的本质不坏,没有什么大错,就应该被原谅,我认为在小学阶段的学生们应该以引导为主、惩罚为辅,

---

[1] 赵艳文.对犯错学生的评价策略浅析[J].中小学德育,2021(2).

让他们明白有些事不该做,而不是教他们不敢做,从心底真正知道勿以恶小而为之。在写字教学的课堂中,一开始会有少数学生因为好奇而随意使用毛笔和宣纸,还在同学的桌子上胡乱涂画,我总是先对这样的行为进行阻止,询问他们为什么这样做,知晓原因后给予正面引导教育并劝其改正,让他们明白这样的想法和做法是不对的,要对自己学的和用的东西尊重和珍惜。我会带领学生们观看文房四宝的制作过程和代表的含义,让他们了解书法和文字的魅力,也会经常和学生们一起看书法碑帖和当代一些书法作品,从中了解汉字结构和书法笔法,看到其中的美。

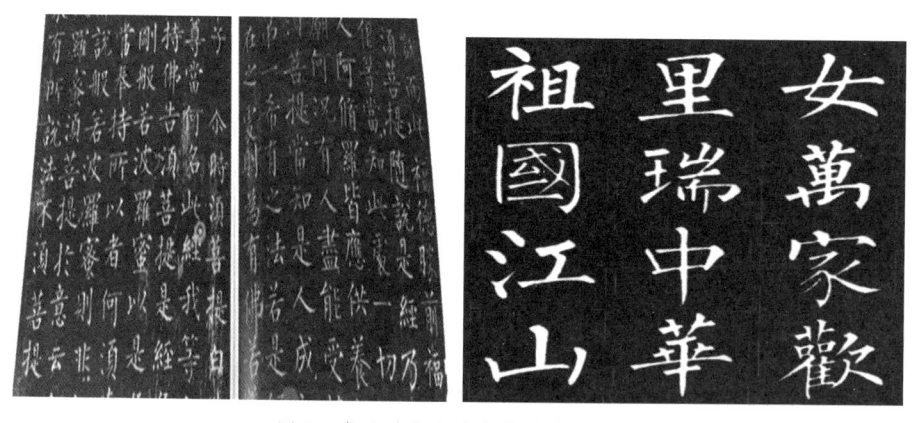

图 1 书法碑帖和当代书法作品(选)

在我的课堂里不会有教师的大吼大叫声,也不会有学生因犯错被训的哭泣声,更不会有罚站、体罚等事情的发生,每当有学生犯错,有的只是沉默和反思,而且我带过的学生对一些错误只会犯一次,不会再有下一次。我常常告诉他们知错能改,善莫大焉。犯错不可怕,可怕的是犯错不知错。苏霍姆林斯基说:"没有爱的教育是不完整的。"教师,如果对学生没有爱,有的只是机械的教学和单纯的奖惩,而没有感情的投入,那无疑是失败的。

(三)扬长——肯定长处

有了对错误的宽容和引导,也要有对长处的张扬。通过"鼓舞、唤醒和历练",使潜藏在学生身上的优势智能不断显现出来,并将这一优势领域里获得的成就感迁移到其他相关领域,以"扬长"促进多元智能的发展,以"扬长"促进学生自信乐观地生活和成长。① 世界上没有两片完全相同的叶子,每个人都是独一无二的存在。"天生我材必有用",我一直说学生们都是最棒的,不要只看见别人的优秀而看不见自己的闪光点。

在我所带的班级中,我从不会拿谁第一谁第二去讨论学生的优劣,也不会把字写得好或写得差作为评价学生好坏的唯一标准。在课堂中,我会把每一个人的长处拿出来表扬和推广,比如在课上大家一起练习写"高"这个汉字,有的学生用软笔写出来的好看,有的学生用硬笔写出来的好看,有的学生写出的"高"字飘逸灵动,有的学生写出的"高"字中规中矩,还有的学生整体写得不美观,却唯独有一两个笔画写得旁人难及。根据这些学生的长处和优势对他们进行奖励和鼓励,这样既可以扬长避短,又不会让某个学生因为写的字不如意而失去信心。再用某个人的书写长处去督促整个班级,这样既不会伤害学生的自尊心,也不会助长骄傲放纵之风。我同时也会记录下学生们书写练习认真的瞬间和写的有突出特点的作品,然后在班级展示或者发给学生家长,这样共同分享喜悦和见证学生的成长,会让教学效果更好。

---

① 胡夏,杨昊翀.扬长教育,让每个孩子成为最好的自己[J].教育艺术,2019(10).

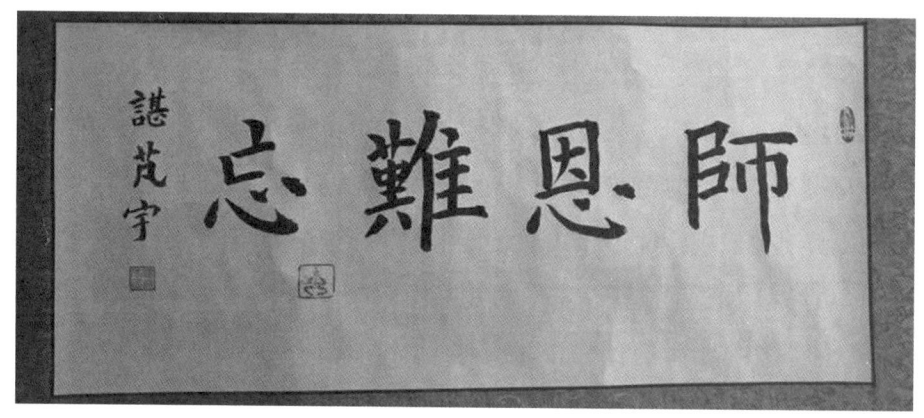

图2 认真练字的学生和学生软笔书写作品(选)

(四)扬长——合理奖惩

赏罚分明,是非明辨,对于课堂教学是很重要的。其实只要有机会登上过讲台的人就会知道,从讲台上一眼望去,每一个同学的一举一动都尽收眼底。那在课堂教学中,就要做好合理的奖惩措施,既可以张扬长处,又可以抑制错误。我在教学中尽量避免传统的奖惩制度,摒弃单纯的物质奖励和身体处罚。比如对学生不恰当行为的处理,我常常是让这样的学生在班级中展示才艺,或者以实践作业的形式对其进行教育,不仅可以让学生展示自己的长处,还可以让学生从中寻找自己的错误并加以改正。教学中我一直秉持大错不容,小错可免。而对于奖励,我也是常常以精神鼓励取代物质奖励,常在班级举办以班级为单位的颁奖典礼,以带动其他学生一起进步。

二、以人为本有温度

以人为本就是要从人的自然性和社会性出发,重视人本身的发展需求,注重全面自由发展。[①] 教育是以人为主体的,要充分发挥人的主观能动性,教师要不断提升自己,注重学生本身的素质培养和身心发展,从社会性和自然性出发,多层面培养学生,真正做到以人为本、以育为根。

(一)以人为本,提升自我

经师易遇,人师难求。满腹经纶、侃侃而谈的老师不少,但能做到育人教学完美结合的的确不多。怎样把育人和授识完美结合,是我20多年教育教学一直追寻的目标。动人以言者,其感不深;动人以行者,其应必速。我作为一个班的班主任和其他多个班级的任课老师,我始终记住这句话,并且以此为座右铭。课堂中,要求学生们的每一件事我都是先做到,然后以实际成效激励学生学习和进步。在写字教学时,我会要求学生们认真练好汉字的基本笔画,我也会和学生们一起写一起练,他们就更有兴趣地跟着我一起练习写字,这样一个月后学生们的书写水平就可以看见成效了。以身作则,让学生们认真对待课堂和课后的每一件事。进行课堂活动时,有的同学本身有才艺,却不敢上台展示,我会主动带头,即使不会也硬着头皮上,鼓励他们没有什么可怕的。不仅在学习上,做人更要以身作则,起良好的示范作用。教授汉字书写时,比如写到"人"字时,总是告诉他们写"人"容易做"人"

---

① 陈登月.论教育当中的以人为本[J].科技资讯,2016(04).

难。中国汉字历史悠久，传承至今。五千年的华夏文明描绘着神秘古老的色彩。一笔一画、一撇一捺的汉字，是中华民族文化的象征，也是专属于中国人的骄傲。作为新时代的中国小学生，应该写好规范字、做好中国人。虽然学生们年纪比较小，但是这种正能量的东西是必不可少的。我也会在上课时刻意选择一些振奋人心、鼓励学习的书写内容，让他们在练习写字的同时也在无形中激发潜能，培养心境。

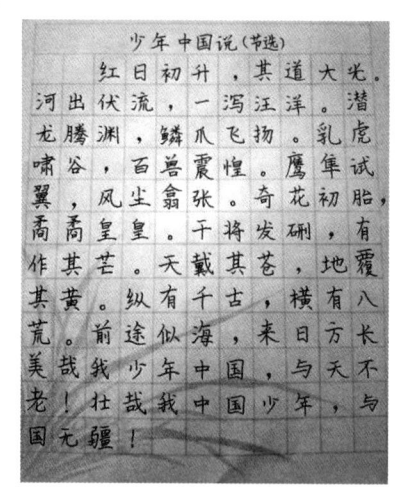

图3　学生硬笔书写作品（选）

比如图3这两张学生作品的内容，可以致敬先烈，学习不畏艰苦、感恩先辈的优秀品质，也可以在练习《少年中国说》的时候一边学习古文，一边鼓励学生为中国的发展和崛起而奋斗拼搏、坚韧不拔、自强不息，鼓励他们像初升的红日，发光发热，做最好的自己。

在教学中不断学习，读书看报，一直是我坚持的习惯，写字教学不仅需要技术，更要有文化底蕴做基础。对于一个汉字，我不但要写好它，还要去了解它的本义和各种字体，了解它的发展历史，这样在教学中才可以更加得心应手。例如"家"这个字，在教授书写方法时，总会有学生提出问题，会有学生问为什么"家"字里会有一个"豕"？我会告诉他们，这是因为在原始社会，人们会在住处圈养猪，而"豕"就是猪的意思。这样不仅解答了学生的问题，不会出现冷场尴尬的局面。同时，也可以触类旁通，让学生们了解更多的课外知识和传统文化，在日常的教学中，让学生们获得更多的知识和经验。

(二)以人为本，心有学生

以人为本要坚持每个人的个性化特点，发挥人的主观能动性，这是教育工作者应遵循的基本原则。[①] 理解中互动，尊重下学习，要了解学生的个人发展情况和家庭社会背景，了解他们每一个人的性格和特长，以此为基础进行教学。比如我带的五年级其中一个班级里有一名学生，性格比较急，每次写毛笔字时很随意，写得很潦草。我在教授毛笔字时会让他尝试先了解每个字的结构特点，然后再让他认真练习每一个笔画，磨炼他的性格，还经常让他重复练习一个字，不要追着别人赶进度，让他重复练习之前的知识，把汉字书写基本功练好。孔子所说因材施教，就是要求教师根据学生不同的性格特点采取不同的教育方式。一切要以学生为出发点和落脚点，走进学生中去，和他们融为一体才能做到以人为本的教学。

欣赏中聆听，包容下授课，在鼓励中支持，在交流中成长。聆听是最好的交流，作为教师，要学会聆听，学会包容，聆听学生们的心声，包容学生们的错误，教学要有温度。在课堂教学、写字教学中，我总是在课前几分钟或者课尾几分钟让学生们自主发言，认真聆听学生们对练习书写汉字的看法和一段时间内的学习心得及启发。每一个学生都有短板也都有特长，我在自己的班级中，会经常观察每个学生的特点和擅长的地方，特别情况特别对

---

① 高丹丹.以人为本理念在小学班主任管理中的应用[J].考试周刊,2018(31).

待,让学生根据自己的特点、兴趣和擅长的事,主动为班级做相关事务,他们都积极报名参与。比如英语方面好的学生,让他负责帮助英语弱的学生,翻译英语课上老师主要讲了什么,要完成什么学习任务等;语文方面好的学生,请他早读课上带大家一起读课文,分享成语故事等;数学方面好的学生,请他帮助在运算和数学思维方面弱的学生进行分析理解……在课堂教学中,特别是小组活动时,这些都可以很好地调动课堂氛围,教师成为教学中的观察者和指引者,让学生互助,在学习和互动中加强记忆和理解。作为教师,我时刻记得要和学生们在一起,每一堂课我都会走下讲台,在学生的座位旁走一走、看一看,观察他们的上课状态和情绪,发现问题及时纠正、耐心辅导、时刻关注。

图4 课上给予学生个别书写指导

三、常思考,常创新

课堂氛围往往决定了一堂课的效率,它不仅决定了学生的学习兴趣,更影响着学生的学习习惯。① 课堂氛围对于当前的课堂教学是不容忽视的环节,多年的教学实践让我总结出了一些营造课堂氛围的经验,也许有不太成熟的地方,但也是对教学改革和教学本质的一次探索和实践。以合理有效的奖惩机制做保障,对学生容错扬长、因材施教,以长处促短处,以短处催长处,还要记住以人为本,讲究教学过程中的温度和质量。总之容错扬长有宽度,以人为本有温度,希望自己可以在日后的教学活动中更进一步,在教育教学的道路上越走越远、越走越好。

(一)变教师灌输为学生主讲

课堂上学生积极踊跃地参与互动,远比教师自己照本宣科地讲课更容易使学生记住课堂的教学内容,因而在课堂上,可以不必一味地向学生灌输各种知识,好像单纯是为了完成任务而讲课,要调动课堂氛围,让学生参与每一堂课中。可以来一个教师与学生角色互换,请学生讲课,教师和其他学生们一起听课,有错误指出错误,好的地方自然也要奖励,从以前的教师教学生,变成学生教学生,这样更能拉近教与学的距离。

(二)变一体化管理为个性张扬

小学阶段的孩子正是个性独立、性格培养和思维开放的关键时期,教学过程中应该要解放天性,督促学生自己去思考。课堂氛围的营造,说到底也就是为了学生们可以独立思考、发散思维,彰显自己独特的人格魅力。在教学生写字的过程中,也可以让他们走上讲台,阐述一下自己对写字的理解,或者对某一个字的看法,尊重个性,包容差异,如果只是一体化管理,告诉孩子们应该怎样做、不该怎么做,不允许有一点不同,那最终教出来的孩子只

---

① 夏秀峰.关于营造课堂氛围的思考[J].考试周刊,2015(96).

能是迂腐的酸秀才。

(三)变单一教学为灵活教学

教学的方式和内容不是一成不变的,苟日新又日新,每天都要有不一样的改变。课堂教学中要灵活变化,不一定只关注课本上的内容,也要时刻给学生多种内容的选择,内容丰富起来,旁征而博引,让课堂活跃起来,这样才可以提起学生们的学习兴趣。当然,教学形式也需要有所突破,要充分利用起课堂的每一处资源,视频、音频、演绎、讨论、合作等多样的形式都可以带入课堂,有了方式和内容的改善,丰富多彩的课堂环境会更加激发学生的学习热情,使学生的学习效果事半功倍。

13. 教育是基于可能性的规划
——记一次大班园内春游

上海市浦东新区东方江韵幼儿园　徐　婧

这是一次特殊的春游活动。

活动里没有了爸妈的陪伴，只有相亲相爱的朋友；

活动里没有了导游和大巴，只有默默支持的教师和家长；

活动里没有了教师主导的计划和安排，只有叽叽喳喳"安排工作"的一群孩子……

让我们一起来走进这次别样的"春游"。

一、为孩子们的无限可能性而规划——温暖的师幼关系

新冠疫情之下，孩子们已经很久没有去春游了，他们盼望着和同伴一起结伴去大自然里走一走，席地而坐，野餐一顿，到处撒欢。而事实上这样的愿望实现还是有些困难的，孩子们盼望着却也知道其中的无奈。在自由活动中一次聊天，无意间我听到了孩子们关于春游的渴望之情，于是我反问：可不可以在园里办一场春游？孩子们瞬间被点燃了热情，你一言我一语，有的说，想要在草地上野餐，带上许多好吃的；有的说，想搭帐篷和朋友一起躲在帐篷里玩；有的说，想和好朋友一起看一场电影；有的说，我们能不能来场草坪音乐会；有的说，我想在滑滑梯上一直玩，不下来……我说："你们的想法太有趣了，看来这场春游有很多事情要准备，有什么好主意吗？"在此之前

孩子们有写游戏计划的经验,有孩子提议:"那我们一起来计划一下吧!"他们拿起了画笔,描绘出了自己心目中的一场"春游"。

这次"春游"活动是由孩子们一次无意间的讨论引发的。我在聆听的过程中感受到了孩子们的无奈,同时也觉得这个话题是非常有价值的,在推动的过程中能够帮助作为主体的孩子们感知和理解自己的情感、情绪和意义建构,提高他们对自我的认识,增强自我责任感。因此,我的一个反问,给了孩子们莫大的支持,原来他们的想法真的可以进一步变成现实。在整个过程中可以看到,由于畅想而引发了后面一系列的活动。在激烈的讨论中,人人都想要发表自己的想法,而面对集体这样一个大的环境,要将当下"人多想法多"的情况进行总结,利用以往的经验让孩子们想到了他们可以使用"计划"的方式进行下一步的讨论。

在观察了大家的计划后,孩子们发现大家眼中的"春游"还是有着较大的相似性。于是,我们开始讨论哪些方案是容易做到的,哪些是不容易做到的,不容易做到的需要如何才能做到。在讨论之后,方案如下:

一是保留了野餐、搭帐篷、看电影、音乐会这四个主要项目。

二是每个项目分为三部分:准备材料部分、可以自己完成的部分、需要大人帮忙的部分。例如:组织草坪音乐会,需要准备一些椅子布置观众席需要话筒、钢琴,还要布置区域、选择场地、招募表演节目、挑选主持人等,这些准备的部分中话筒、钢琴、招募表演节目需要大人的帮助,其余部分是可以自己做的。

在制订计划后,他们开始了各自的分工,由于涉及大班的所有孩子们,因此,一场声势浩大的行动开始了……

二、与家长一起为可能性而规划——温暖的家园共育

教师与家长之间的伙伴关系有助于孩子们在环境中获得整体性教育经

验。因此，家长了解孩子们在园将要做什么，感到自己有能力成为孩子学习的伙伴，就会越来越多地作为学习的资源和促进者参与孩子在园的学习，从而拓展孩子学习的可能性。在计划后，我们一起将每个项目分为三部分。在需要大人帮忙的部分，我建议孩子们将自己的困惑和大人一起交流，如：我们需要几位摄影师来对当天活动进行拍摄和记录；我们需要购买一些布置场地的气球和装饰物，并且我们可能不太会打气球，个子不高也没办法挂装饰物，等等。

家长们愿意和孩子一起去做些让孩子开心并从中提升能力的事情，负责这些工作的家长和孩子们一起挑选适合放在户外布置的各种装饰材料、收集和搭建帐篷、和孩子一起商量挑选音乐会活动的节目、准备拍摄装备等。

项目	家长的支持
野餐	和孩子一起购买食物、提供野餐垫
音乐会	和孩子一起挑选节目、选购布置材料、布置现场
看电影	下载电影
搭帐篷	提供帐篷、搭建帐篷
摄影、摄像	进行现场拍摄

图1 家长参与、支持

家长的参与促进了良好的亲子沟通，同时帮助孩子学习更多平时不太关注的生活经验,如:购买食物时,孩子在挑选很多食物的时候会以我喜欢吃、我想吃为主要依据,而在家长的陪同下购买,家长会提供一些建议:零食一类的最好是有独立小包装的,便于分享,购买的食物不仅仅是零食还要挑选一些主食、水果,饮料的选择可以是便于孩子打开的包装。在选择音乐会现场的布置材料时,要选择更加容易悬挂的、不会被风吹走的装饰物。孩子在家长协助的情况下进行的选择也是一个学习的过程,考虑得越周到,当天的活动就会越顺利。家长、教师和孩子在一起,构建起了家园共育的桥梁。

三、探究儿童声音的可能性

(一)行为一:春游计划的制订

参与教育活动的规划是孩子们的基本权利。然而,怎样让孩子们参与决策,不仅需要成人细心而敏感地倾听并理解他们发出的信号,也需要运用一些有效的沟通方法确保他们的声音被听到。教师要面对那么多的孩子,通过提议"计划"来让彼此被了解和看到是一个非常有效的方式。从先前运用"游戏计划"的经验,大家很快地通过撰写"计划"描绘出自己想要做的事。制订计划不仅有利于他们的自我表达和思考,在后面的讨论中也能互相看见。如图2中,这三个孩子都是平日里不太善于表达的,他们在公开的场合很少愿意主动举手发言,但是设计和参与"春游计划"时,他们都表现得非常积极,有的正在描绘音乐会座椅的摆放,利用自己之前看过音乐会的经验,将座椅设为半包围状态,舞台设为半圆形状;有的孩子在准备野餐的食物清单,将自己喜欢吃的零食、主食、饮料等画下来;有的孩子想要观看一场电影,正在画着自己想看的电影人物等。

图 2 孩子们设计的"春游计划"

这样的形式给了不同个性的孩子表达想法的舞台,表达的方式不一定是要在集体面前毫无准备的侃侃而谈,也可以是细心思考后的柔声细语。

(二)行为二:圆桌会议的进行

在制订"个人计划"之后,我们围成一个大圈,我向大家描述好"圆桌会议"的目的——共同商定之后的可行计划。孩子们开始了想法表达,同时我们还利用统计的方式将相同想法的"个人计划"放在一起,进行归类补充,而将一些有特殊要求的"个人计划"进行讨论。如,有孩子提议要举办一场水仗,对于这个想法有同意的人,也有反对的人。因此,我们举行了一场小小的辩论。

表 1 水仗辩论

支持方	反对方
观点1:水仗非常有趣,而且以前我们也在幼儿园里打过水仗。 观点3:我们可以穿上雨衣就不怕着凉了。 ……	观点2:这个天气还比较冷,不太适合打水仗,如果打湿了,容易生病着凉。 观点4:我们还要参与其他的活动,需要带的东西太多,不方便参加春游的其他活动了。 观点5:要带上水枪、护目镜、凉鞋,而且要去教室里换衣服会浪费很多玩的时间。 ……

图3　汇总春游计划

孩子们在辩论之后,让所有成员以投票的形式进行了选择,最后以反对方获胜结束了这个话题的讨论。辩论给了孩子们一个多面思考的机会,同时开始理解别人,站在他人的角度进行思考,知道事情总是有两面性的。在最终商定结束后,我们选择了更适合当天春游活动的内容:野餐、搭帐篷、看电影、音乐会。在吸取了大家的想法之后,孩子们将所有计划汇总成了一张大大的"计划书"。"计划书"中完善了场地的选择与划分、布置每个区域、座椅的摆放等问题,为之后的行动提供了非常大的支持。

(三)行为三:春游当日的精彩

一大早,孩子们不用催促,早早起床,他们背着零食、戴着帽子、夹着琴谱匆匆来到学校门口等待开门。布置好场地后,孩子们涌入操场。在签到板上签上自己的大名,在阳光下演奏一首充满春日的曲子或是演唱一首拿手歌曲,感受在舞台上被人注视的感觉;又或是二五成群坐在野餐垫上分享着自己带来的零食,躲在帐篷里和好朋友说着悄悄话;还有的在多功能大厅看《狮子王》大电影,他们尽情地享受春游带来的快乐!他们收获了自我、友谊,享受着之前每一刻的期待。

(四)行为四:春游结束的复盘

在活动结束后,我们又一次围坐在一起聊起了天,孩子们对于参与这次的活动非常有成就感,能够将自己想的事情实现是以往没有过的经历。对于自己在"草坪音乐会"上的表演也非常满意,收获了同伴的掌声。

活动前期的讨论确定了一个可行的"计划",在确定计划时,孩子们为自己积极争取想要实现的活动,就像那位想要来一场"水仗"的孩子,虽然最终自己的建议没有被采纳,但他学会了接纳别人的想法,了解了在团队中组织一场活动是需要相互合作和相互理解的。想要参加草坪音乐节活动表演的孩子们,在家中不断地练习自己当天要表演的节目,希望能够有一场完美的演出。

在活动中期,组织活动的过程中我们通过分组分派各类任务,孩子们经常会在离园后和同伴一起找时间交流,增加了与伙伴交往的机会,同伴间的距离更加近了。

在活动后期,孩子们与大人一起整理收拾操场上的垃圾,发现帐篷里有大量的已经开封又没有吃完的食物,巧克力一类的甜食粘在帐篷里无法清除。我们留下了一些照片和视频,让大家一起参与这个"春游后"的讨论,为此孩子们参与收拾的过程中也在不断地为自己的行为进行反思,如:

(1)野餐需携带清洁工具。天气过热,使得巧克力融化无法取出,才会有巧克力没有吃完就扔在了帐篷里的情况。结合这个问题孩子们讨论出可以准备一些清洁用品,如果遇到这样的情况可以将巧克力放进随身携带的垃圾袋,弄脏了及时使用湿纸巾擦拭,避免这样的情况再次发生。

(2)适宜室外的材料选择。悬挂的气球最后都吹飞了,在选择材料的时候可以挑选一些更重的物品进行装饰。

(3)文明习惯待加强。在最后整理和收拾场地的时候非常辛苦,每个帐篷里都有很多食物包装,垃圾没有丢弃到指定的地方,还有很多还没有吃完的食物,造成了很大的浪费。

(4)自我物品的管理。有的孩子们说,自己戴的帽子不见了,现在也不知道去了哪里,希望自己以后出去玩要多注意自己的物品,尽量不乱放东西。平日里和爸爸妈妈出去都是大人会给自己拿好,而这次的春游有不一样的体验感。

四、教育是基于可能性的规划

孩子们纷纷表示这次春游活动是他们最快乐的一次春游,而且收获颇多。他们参与了整个过程,较于以往教师和导游安排好了他们所有的活动,他们只是当天的车上被告知要去玩哪些项目,这次的活动他们人人知道自己要做什么,可以提前想好和同伴一起去哪里,这样的掌控感给了他们更多自由选择的空间。

(一)孩子们参与教育活动的规划是儿童的基本权利

怎样让孩子们参与到对自己有影响的决策中?让孩子们积极主动地提出自己的想法,选择和决定适合自己的学习方式时,教师可能要改变习以为常的做法,为每个孩子的学习创造更多的机会和可能性。"园内春游"的活动在举办的过程中可以看到孩子们在自我计划、整理能力、规则意识、同伴合作、团队意识、社会交往等方面的能力都较以往有更全面的发展。

(二)理解孩子们的学习方式和特点

《3—6岁儿童学习与发展指南》指出,孩子们的学习是以直接经验为基础,在游戏和日常生活中进行的。要珍视游戏和生活的独特价值,创设丰富的教育环境,合理安排一日生活,最大限度地支持和满足孩子们通过直接感知、实际操作和亲身体验获取经验的需要。教育活动的规划应该不再是在原本的教与学模式中,这样控制权和责任都落在了教师那一头,教育质量取决于他们对儿童的了解程度,以及他们设计活动能力的强弱,如果以这样的方式规划教育,那么儿童的学习范围是有限的。要消除对学习范围的限制,就要让儿童分担学习活动的控制权和责任,"规划是由儿童这个'局内人'决定的,同时得到教师的支持和帮助"。儿童的参与和责任分担并非在推卸成人的责任,而是体现了一种教育智慧,体现了教育对儿童自身及其发展的关注。儿童学习与发展的"可能性",更是在教师的每一次"看见"和"听见"之后。

(三)教师与孩子们的角色定位

正如意大利教育家瑞吉欧所说:"孩子应该被视为学习活动的主角(他们有能力,也愿意尝试新的事物),敏感的成人应该是孩子们学习的催化剂,周围的环境充满可能性和反思性,学校是进行民主和道德实践的场所。了解孩子们的发展是教师的'硬核'。""一日生活皆课程",在一日生活中,孩子们参与各种各样的活动,为他们表现真实的自己提供了广阔的空间。我们可以在组织活动时关照自己,始终要留一部分注意力去关心孩子们在做什么、说了什么、经历了什么,去感知孩子的语言、行为,判断他们发展到什么程度,做一个课程的领导者,更好地展现你的教育追求,发挥你的主动性,让你做课程的主人,而不是作为一个被动的执行者,按部就班地去做事。成为一个有理想、有追求、有行动、有成效的教育者,用主动的实践去创造适宜教育的创造者。

14. 践行传统风尚，相约美好"食光"
——幼儿"光盘行动"的实践研究

上海市浦东新区华高幼儿园　陆晓蕾

勤俭节约是永恒的世界性话题，更是社会文明进步的重要标志。随着生活水平的不断提高，享乐和浪费现象日趋严重，这也导致人类面临着前所未有的能源危机和考验。针对这一现状，习近平总书记从杜绝餐饮浪费入手，让全社会意识到"浪费可耻，节约为荣"，短时间内，全国掀起了"光盘行动"热潮。

幼儿期是各种行为习惯养成的关键期，幼儿阶段开展"光盘行动"，不仅能培养幼儿的生活能力，形成厉行节俭的良好习惯。同时，它又是一项传递优质文化和正确价值观的有益实践，将"认同""感恩""共情""合作"等教育理念渗透其中，有利于幼儿综合素养的全面提升。鉴于此，幼儿"光盘行动"势在必行。

一、"光盘行动"开展之初的问题分析

全社会都在倡导和开展"光盘行动"，我们幼儿园也积极响应号召，倡导全体教师和幼儿一同杜绝舌尖上的浪费。在行动开展初，我们对现状进行了分析，问题如下：

一是教育方法简单，导致幼儿言行脱节。最初，教育者注重形式多于内涵，"谁知盘中餐，粒粒皆辛苦""一粥一饭，当思来之不易"，学学这些有关节

约粮食的诗句儿歌、拍一些照片就算行动过了,表扬和鼓励也相对单一。外表看似轰轰烈烈,但实则没能看到质的变化,缺乏有效方法,使行动的开展流于表面。而幼儿自小养尊处优的教养方式造就了他们对节约缺乏意识,尽管嘴上喊着口号,遇到不爱吃的食物却毫不留情地嫌弃,每天饭后都会有大量饭菜浪费。

二是保健标准与"光盘"要求存在差异。幼儿园保健对于幼儿一日进餐量有着明确的量化标准,而幼儿存在着个体差异,本身胃口的大小、当天的健康状况、运动量的大小、饭菜可口程度等因素都会造成幼儿进食量的差异和变化,而每天基本恒定的饭菜量是不少幼儿无法"光盘"的重要因素。

三是幼儿园与家庭间尚未保持步调一致。幼儿园虽已开展行动,对家长也进行了一定的号召和指导,但条件的优越让幼儿家庭中的铺张浪费成为一种不经意的习惯。自全社会发起"光盘行动"以来,家长们的节约意识逐渐被唤醒,也有了一定的教育意识,但对于如何培养,大部分家长缺乏有效的方法和策略;也有部分家长,由于幼儿有挑食、过敏或者其他饮食方面的问题,面对"光盘行动"会有顾虑,生怕给幼儿造成心理上的压力。

二、"光盘行动"在团队保障中开启

分工明确,有较强执行力的团队是保障一切行动顺利开展的基础。在幼儿园保教组的牵头下,多个"光盘行动"研究团队正式组建,大家明确任务、各司其职。如保健团队注重营养均衡、做好科学配比;营养员团队提升烹饪技巧、确保美味可口;教师团队研究教育策略、注重个体差异,帮助幼儿丰富进餐经验;管理团队全面观察、及时调控。

各团队所承担的任务各不相同,却又目标一致,大家都是助推"光盘行动"顺利开展的主力军。如教师团队在每两周的教研活动中专设"光盘行动"经验分享时刻,针对各班的不同情况,交流行动开展过程中的经验、不足、疑问等,结合《3—6岁儿童学习与发展指南》中各年龄段幼儿的特点和需求,思考可以从哪些方法着手,哪些内容可以纳入课程,验证实施效果;管理团队利用每天"陪餐"的契机,了解午餐质量和口感,以及不同班级进餐现状,及时做好定向反馈,提出合理建议,园长室门口设立"光盘行动"意见箱,随时接受家长、教师以及幼儿有关餐食问题的意见或建议;保健团队除了在菜单定制上下功夫之外,还尝试了饭量个性定制,并从专业角度每两周一次进班为幼儿开展食物营养教学,让保健老师在"光盘行动"中尽显专业身份和作用。

三、"光盘行动"与课程融合的实施途径

"一日活动皆是课程",通过进餐环节培养生活自理能力的同时,在与课程的融合中引导幼儿在积极的探索、体验和感受中爱上美食,习惯"光盘",从而获得学习能力、社会性品质的综合提升,我们做了诸多尝试。

(一)从调查、记录、提问中获悉有效信息

"选出幼儿园里你最喜欢和最不喜欢的一个菜""今天你吃完了饭菜汤吗?"……及时从小调查中了解幼儿园饭菜的受欢迎程度;引导中大班幼儿用图符方式记录每天的饭菜,引导小班幼儿从大量食物图片中选择每天所吃的,每周进行梳理分类,知道人体每天都要摄入的米、面等主食,鸡鸭鱼肉等荤菜以及豆制品蔬菜等保持均衡营养摄入;鼓励幼儿提出各种对食物、饭菜的疑问,通过不同途径解疑,提高对吃饭这件事儿的兴趣。从这一过程中,我们获悉:幼儿比较喜欢口感浓郁的食物,比如红烧、茄汁类的菜;喜欢吃起来方便的菜,比如喜欢虾仁胜过带壳的虾,喜欢鳝丝胜过鳝筒,喜欢鱼

丸胜过清蒸鱼。在设疑、解疑中激发幼儿探索和思考,这些真实数据的获得也为教育者客观分析和总结提供了现实依据。

(二)从环境的潜移默化中激起"光盘"决心

以环境为载体,通过幼儿与之积极互动发生作用,帮助幼儿形成良好的进餐习惯,各班的"光盘行动"生活墙犹如雨后春笋般纷纷出现。

1. 环境提示,自然渗透。在用餐区域,用餐礼仪、餐后贴士、拒绝浪费等提示随处可见,结合不同阶段幼儿的年龄特点,以童趣的图画为主体,图文并茂的形式,自然渗透进餐诸多要素。

2. 环境激励,匠心独具。小班幼儿按下小手印,中大班幼儿写上学号、签上姓名,用独特的方式立下承诺,表达光盘的决心,并将承诺书张贴到醒目位置,时刻自我激励。

3. 环境敞开,自我挑战。"光盘达人""光盘明星""光盘亮灯"等互动墙面的设置,让光盘行动更有仪式感,当成功光盘的幼儿贴上红星或亮起小灯时,心中的自豪感也油然而生。

(三)从生动的探秘中感受食物的来之不易

瓜果蔬菜是大自然给予人类的馈赠,每个人的身体里有着不同的健康需求。长期生活在城市的幼儿,对于日常食物的来源以及长相都不太清楚。经过探寻,有了对食物的真正认识,幼儿才会对食物萌发敬仰之心,才能大大提高主动光盘的可能性。

1. 瓜果蔬菜的亲密约会。幼儿园没有庄稼地和大田野,但我们校园里有种植园地,班级里有自然角,用"麻雀虽小,五脏俱全"来形容它们再合适不过。在属于每个班级的种植区,从商量种什么到研究如何播种,再到牵肠挂肚地定期观察和记录它们的成长过程,最后到万般期盼下的瓜熟蒂落,幼儿始终兴致勃勃地参与其中。他们有着与生俱来的好奇心和求知欲,一个不经意的变化就能引起一场别开生面的讨论。

幼儿在观察瓜果蔬菜的同时,老师正观察着他们,时不时地抛出问题,适时给予一定的支持。班里有个叫壮壮的孩子不爱蔬菜只爱肉。在一起播种的日子里,老师有心地与他一同剪下已经成熟的豆苗,看着他兴奋无比的样子,便顺势给了他一个任务:这些豆苗送给你,晚上让妈妈做给你吃,这可是我们亲手种的有机蔬菜哦,你替大伙尝尝,明天告诉大家味道怎么样。果不其然,到了晚饭时分,老师便收到家长发来的壮壮有滋有味吃着豆苗的照片。第二天,壮壮不仅得意地告诉同伴新鲜豆苗的味道,还滔滔不绝地讲起了各种蔬菜对身体的益处,这不禁让所有人欣喜。与瓜果蔬菜的约会过程虽然漫长,但直观地让幼儿目睹了食物的来源,体会着播种及呵护的艰辛,也清晰地了解到餐桌上各种美食的来之不易。

2. 午餐来源的跟踪调查。"蔬菜瓜果、鸡鸭鱼肉是怎么变成盘中美食的?"带着这个问题,我们把焦点落在了为我们烹制午餐的营养员身上。日常幼儿跟营养员的接触仅限于进餐时,她们来教室询问饭餐的味道如何,而她们背后的付出幼儿全然不知。于是,食物调查从"早起的人"集体教学活动展开。"清晨天还蒙蒙亮,营养员阿姨就早早地在厨房开始了一天的忙碌:验收、清洗、切菜、配菜、烧菜,整个上午厨房都被阵阵流水声、切菜声、煎炒声以及重重的油烟机轰鸣声包围,阿姨们穿着工作服,戴着口罩和厨师帽,但额头上亮晶晶的汗珠却清晰可见。"当孩子们通过视频看到这些场景时都傻了眼:原来营养员阿姨那么早就来幼儿园了;原来她们要切那么多菜;原来我最不喜欢吃的鱼丸做起来那么复杂……随即,很多幼儿表态:不该浪费,光盘是对营养员阿姨的尊重。再看看各种粮食、食物从种植、收获再到运输、烹煮过程所倾注的各行各业劳动者的汗水,幼儿的感恩情感进一步被激发,同时更坚定了"光盘"的信念。

(四)从多途径的体验中尽显幼儿为本

随着"光盘行动"的不断深入,我们深深意识到:幼儿才是"光盘行动"的主人,只有通过他们的主动参与、深入探索,激发他们的潜在能力,才能让活动的开展更具意义和价值。

1. 美食宣传员的轮流上线。饭菜是否可口,直接影响幼儿是否能"光盘",而美味的食物必须广而告之,才能更好地激起幼儿想吃、想吃完的渴望。利用班级小广播,孩子们戴上厨师帽、穿上小围裙、别上麦克风,随着稚嫩声音的响起,美食宣传员们上线啦!"大家好,我是大一班的×××,想知道今天午餐吃什么吗?赶紧跟随我一起探个究竟……"食谱的介绍不仅丰富了幼儿对食物的认识,让他们了解各种食物的营养价值,知道营养均衡的重要性,同时又能激发幼儿对美食的兴趣。"光盘"或者进餐有进步的幼儿就有机会成为美食宣传员,在争做宣传员的过程中,幼儿更自信了,表达表现欲望也愈发强烈。

2. 按需分、选餐的全新尝试。对于一部分幼儿来说,吃午餐本就是件有压力的事,要吃完更是难上加难,他们提心吊胆地度过本该惬意美好的午餐时刻,而午餐形式的宽松和多元无疑给了他们心理抚慰。针对每天的进餐情况,组织幼儿发现问题,针对同伴间的饮食差异、个人喜好等情况共同商讨解决对策。于是,幼儿自主分餐和选餐的"快乐星期五"午餐时间由此诞生。值日生按主食多一点、荤菜多一点、蔬菜多一点的差异分配午餐,幼儿排着队有序、按需取餐,自主选择进餐伙伴,不拥挤、不吵闹,用餐结束人人动手收拾碗勺。全新的模式打破了原有午餐的拘谨,大家期待这样的美好"食"光,幼儿的午餐时间变得自主和轻松,在进餐的同时,增进了自理、合作、谦让等能力和品质的发展。

3. "美食节"活动的不定期体验。穿上小围裙,手拿"美食达人护照",幼儿踏上了奇妙的美食体验之旅。围绕"坚持""细致""合作"等关键性品质，幼儿愉快地穿梭于老师精心设计的无数与美食息息相关的活动室中。设计菜单、制作点心、择菜、洗切蔬果等好玩的活动让幼儿忙得不亦乐乎。活动中制作的小饼干、巧果、面条等由营养员负责后期烘焙或烹煮后供幼儿品尝，边享用自制美食边回忆自己劳动过程的经历和体验，不仅锻炼了幼儿的动手能力，体会了生活的美好，同时让习惯了饭来张口的他们感受了劳动的辛苦。

4. 美食绘本的收集与自制。为了满足幼儿对食物相关知识的渴望，根据幼儿的年龄和学习特点，小班在区域中开设了美食绘本阅读区，以可爱的绘本及生动的故事萌发幼儿的探索求知兴趣；中大班则创设了绘本自制区域，鼓励幼儿将已知或想知道的有关美食的知识以图符形式表达出来，再进行对应的分类梳理，完成富有童趣的主题绘本，通过分享、交流，进一步增强幼儿对美食研究的兴趣，懂得珍惜食物的重要性，并在不断的互动和探索中提升幼儿自主学习的能力。

(五)从有效的家园联动中形成教育合力

家长的积极参与和配合，是实现"光盘"、培养幼儿形成良好进餐习惯和勤俭节约意识的有力保障。我们鼓励家长带着幼儿一起成为"光盘"践行者，大手牵小手在幼儿园的"光盘行动"展板上签到；鼓励家长以身作则，一同进行"光盘"打卡，通过微信群、钉钉群等平台，展示家庭中幼儿的进餐情况；建立挑食、过敏、肥胖等特殊群体幼儿的关爱群组，定期与家长交流幼儿进餐情况，推荐适宜的食谱等。

新冠疫情居家期间，我们获悉许多家长为如何解决幼儿"一日三餐"发愁，由于特殊时期食材的匮乏，让不少本就对幼儿吃饭问题头疼的家长雪上加霜。而疫情也是一个教育和引导的契机，如何指导家长做好居家期间的科学饮食、如何巩固我园前期开展"光盘行动"所积累的有效成果？这些问题引起了我们的反复思考。于是，在进行常规性的家教指导外，我们又发起了"约会厨房，共享美好'食'光"亲子美食制作交流活动，鼓励更多的家长和幼儿共同走进厨房，采用最常见的"抗疫三兄弟"（土豆、胡萝卜、卷心菜），携手设计、制作接地气的美食，让幼儿喜欢动手、爱上美食、崇尚光盘，让平淡的居家生活更有乐趣，更有效地增进亲子间的互动和默契。

"成由勤俭败由奢"。"光盘行动"的开展有利于勤俭风尚的习得，让每个人一辈子受用，它是积极向上的精神风貌，更是高尚的生活态度和人生境界。尤其在与疫情抗衡，经济发展面临巨大考验的当下，从小引导幼儿学会珍惜自然的馈赠、感恩劳动付出、厉行节俭显得尤为关键。"路漫漫其修远兮"，仍有许多问题有待我们思考、许多方法值得我们深究，"光盘行动"我们始终在路上！

第三编 PART 3

师者暖心，
彰明教育的人文关怀

15. "疫""网"情深　温暖师生

上海市上南中学南校　于　静

受疫情影响，开启线上教学后，我作为一名教育工作者投入到了一个全新的教学环境中，每天只能与学生在云端相会。失去传统教学诸多优势的线上教学将何去何从？如何透过冰冷的屏幕，在组织教学时注入温暖元素，让学生以更高的热情投入到线上学习当中去？渐渐地，我发现线上教学若能根据学生特点，利用网络平台技术支持，结合线上教学的优势，也可以出色地组织教学，最大化地保证学生的学习取得实效。

一、利用"私聊"方式，成功解锁"社恐"

线上教学，即使网络再通畅、信息手段（如视频、音频等）使用得再丰富，但在学生和家长看来，教学效果都比不上线下课堂直接面对面来得高效。尤其是受年龄特点、学习状态、学习领会能力等因素的制约，班级里会有一些学生不爱发言，甚至还有学生动辄把"社恐"挂在嘴上，仿佛社交恐惧症是一块"免死金牌"，上课一声不响、看见师长不爱打招呼等坏习惯在这所谓的病症下理所应当被赦免。日常教学尚且如此，线上教学则更令人担忧。

但是线上教学后，我却意外发现，原来课堂上不爱举手发言的学生，在线上却开始活跃了。每当老师提出一个问题后，互动窗口会瞬间刷出几条甚至是十几条消息，这些消息的发送人里有相当一部分是线下教学时闷声不响的学生，而他们回答的内容往往都是正确的。

发现这一现象后，我迅速抓住这一教育契机，当即肯定回答问题的同学,并在会话区回复以鼓励、赞扬的表情包,表扬该同学积极回答问题这一良好的行为表现,并提出希望:如果对课堂内容有自己的理解或看法,可以第一时间和老师"连麦"分享自己的见解,亦可以在全班同学面前展现精彩的自己。

虽然线上的课堂不可能有同学们一起七嘴八舌的热闹,但让很多内向的孩子在屏幕后放下了心理包袱,不再有与老师面对面时的拘谨,不再担心自己回答问题出错而尴尬,而是敢于发言。这是一个良好的开端。尤其是语文教学,很重要的目标在于提升学生的思维能力和语言表达能力。从思维形成和言语表达能力形成来看,长期不发言可能会影响学生思维的敏捷度,认知的深度和表达的顺畅度。

因此,课余时间,我利用网络平台和原来有所谓"社恐"的同学开展"私聊"。起先学生对老师只是客气的敷衍,用了几个简单的语气词、标点符号,甚至是打上几个表情作为回复内容。然而我并没有放弃,而是坚持每天课后找到原来课堂上不爱发言但线上学习后有表达愿望的孩子在线交流。渐渐地,孩子愿意敞开心扉,坦诚地说出自己内心真实的想法,感觉自己依赖网络空间,在虚拟空间更有安全感,甚至说在线发言没有心理压力,等等。

由此,我用课前悄悄给学生一点"小暗示"的方法,并"强行"指定他在课堂上发言,而且事先约定好在"连麦"过程中,师生都打开摄像头,用彼此"露脸"的方式给对方提振信心,用眼神的交流鼓励学生,增强学生回答问题的勇气。试过几次之后,那个曾经课上不爱举手发言的学生,在线上课堂要求"连麦"的频率越来越高了。用这样的方式成功"解锁"一个同学后,我依次类推延伸到其他有类似问题的同学身上,打算各个击破,目前收效良好。很多以前说自己有"社恐"的孩子,慢慢在线上学习中,完成了自我"解锁",他们也能不断地在班级对话窗口中提出自己的疑惑或看法,还能回应其他同学提出的问题呢。

利用互动窗口,让原本所谓的师生隔阂破冰,拉近了师生心灵的距离,学生"亲其人"便更愿意"信其教"了。

二、借助"小群聊",强化个性化指导

在用"小窗"和学生私下交流取得良好效果后,我意识到多进行个性化的私下沟通很有必要,于是我利用网络优势,根据学生的情况,单独建起多个"小群"。上好课后,我会根据授课内容以及对学生学习情况的预判,在建起一对多的窗口中,鼓励学生围绕线上课堂存疑的问题,在"小群聊"窗口中发问。

在讲读史铁生的《那个星期天》后,我组建的"群聊"窗口,就有学生的问题来了,她针对义务教育教科书《语文练习部分》中《那个星期天》的最后一题,提出了疑问,她质疑答案中"母亲用话敷衍孩子,最终没有兑现承诺,是她对孩子感受的疏忽"。学生认为,文中的孩子为了让母亲能够带自己出去玩,已经"跟在母亲腿底下:去吗? 去吧,走吧,怎么还不走呀……"孩子都已经这样了,母亲都感受不到吗?

当看到学生的疑惑后,我当即判断出学生不仅没有深刻理解作者的写作意图,同时也推测这个学生平时在家中也不太能理解自己父母的良苦用心。

我对她的引导从两个方面展开:一是知人论世,介绍作者史铁生的生平经历以及他本人对母亲的深厚感情,这些在他的作品(如《我与地坛》《合欢树》《秋天的怀念》)中可窥见一斑。通过阅读这些作品,不难发现史铁生对母亲"子欲养而亲不待"的遗憾,以及对母亲深深的怀念之情,所以也不难推断在《那个星期天》中作者对母亲形象是毫无贬损之意的,他在这篇文章中,也在歌颂他伟大的母亲。作者要塑造的是一位勤劳能干、朴实慈爱的母亲

形象。她像大多数的母亲一样,为生活而操劳,难免忽略了孩子的感受。二是引导学生把目光投向自己的生活,观察生活中自己的母亲是如何为家庭默默付出的。

事隔几天后,学生又通过"窗口"向老师反馈她读过史铁生作品的感受,并且她也观察到了自己妈妈在生活中如何默默地操劳,感慨自己原来被巨大的爱包围而不自知,学习语文也可以给自己打开认知新世界的大门,等等。看到屏幕上呈现出的内容,我也很欣慰地笑了,该学生应该真正地读懂了这篇课文,也在渐渐地读懂了生活……

另外,在师生"小群聊"窗口中,有的学生提出问题,我会有意"假装"看不见,等一等其他学生的反应,很多时候在学生交流讨论中,那个提问的学生在同伴合作及自我探究中就已找到了答案,此时,老师再出面加以肯定并点评,学生的学习效果往往也是事半功倍。

诸如此类,与学生"小窗"的个性化指导越来越多,不但引导学生学好语文,也注重对其情感态度价值观的引导,收获了良好的教育教学效果。

渐渐地,在师生"小群聊"的窗口中,也会出现生活类的话题,比如有的学生分享了他下楼做"核酸"时随手拍的美景,有的同学分享了他跟父母学做的美食,我也"打铁趁热",表扬他们有一双发现"美"的眼睛,鼓励他们继续用心感受、发现生活中的"美"。同时,我也和孩子们分享生活中遇到"大白"、志愿者以及快递小哥的故事,等等。不觉间,我们师生"小群聊"的窗口越来越"热闹"了,和谐融洽的师生关系已悄然在班级生根发芽,并渐渐长成参天大树……

老师有意识地和几个学生建起的"小群聊"窗口,在解决学生思考的问题过程中,有促进学生学习的作用;与此同时,这样的"小群聊"既增进了学生之间的情感,也增进了师生之间的情感。

三、巧用"叮"功能,师生隔屏不隔爱

线上教学后,依赖于钉钉平台的技术手段,优化线下教学所能,实现线下教学所不能,注重保护学生隐私,"隔空"深入学生心灵。

老师充分利用钉钉产品功能(如批改作业时"等第设置""快捷评语"等)让学生及时了解自己的知识掌握情况;同时,老师在班级窗口,也能一目了然地看到自己所需要的信息(如哪些学生作业没有按时提交等),迅速及时做出相应处理。原来一些要写在黑板上告知学生的信息以及需要老师手动完成统计的工作交由计算机来完成,优化学生的学习过程和教师的教学组织形式。

如果说,利用平台的技术手段把学生的作业"选为优秀作答",提振了他们的自信心;那么,"把评语通过私信发给学生",就极大程度上保护了学生的自尊心。线上教学后,我一如既往地表扬优秀的同学(既有利于提高这些同学的学习积极性,对尚需努力的同学也有示范作用),除此之外,针对个别学生作业完成不理想的情况,我通过软件直接把作业"打回订正",并把要求及建议用评语的形式发给学生,学习自觉性不高的孩子无法找借口说看不见,因为互联网是有"痕迹"的。而师生依托网络平台相互交流,避免了师生面对面说教的尴尬,又比当面指出学生错误来得柔和,自然更容易被学生接受。

最不济,还可以"叮"一下某同学,用短信或电话的形式(若接收人未读消息,可以设置几分钟后再"叮"一下)提醒该生存在的问题,并为他提出合理化、可操作的建议;在此过程中,也可以了解到学生近期思想情感上的变化,及时"对症下药"。有时候,一些性格急躁的同学也会等不及我的"窗口"文字输入,而是直接给老师拨打"语音通话"(或"视频通话"),每每接到学生

的"通话",我也会耐心回答学生的问题,并关注学生的心路历程,及时、精准地帮助学生解决在学习上、生活中遇到的困难。如此之后,学生们纷纷表示,老师虽然隔着屏幕和他们相聚云端,但他们感觉老师就在身边,老师依然是他们可亲可敬的指路人……

凭借软件提供的技术支持,多种渠道指导学生学习,同时关注学生情绪,让学生在学习过程中获得更为愉悦的体验,师生的幸福感也都得到提升。

四、进行"云"展示,因势利导收获多

利用平台的"展示"功能,把学生的习作、听课笔记、学习随笔等展示出来,学生直观、一目了然地看到自己学习成果的反馈,对于激发学生的学习积极性,有良好的效果。

如,以学校线上读书节为抓手,积极开展线上读书活动,带领学生们朗诵经典名家名篇,引导大家选择适合的背景音乐,并尝试自制服装道具,以形成良好的欣赏效果。该活动有效调动学生参与的积极性、激发其学习的热情。在学生上传作品前,师生一起讨论作品内容,老师给学生私人定制符合其个人风格的作品;待作品提交后,师生又在一起探讨朗读是否抑扬顿挫,情感表达是否丰富,仪态是否得体,等等;反复录制确定最佳作品;以班级为单位上交作品,云评选、云展播。学生都大呼过瘾,夸口称赞最终递交的作品给他们带来了视听盛宴。

除此之外,在学习义务教科书六年级下册的第十二课《古代诗歌三首》(《马诗》《石灰吟》《竹石》)后,鼓励学生利用网络平台搜集并积累托物言志的古诗,有能力的同学也可以结合古诗内容为它们配画。学生参与度高,完成了一系列高品质作业。把优秀作业展示出来,让孩子们来点赞、评论,充分发现学生在学习过程中的亮点,并让同学们通过"问卷星"为心目中的优

秀作品投票,学生投票的积极性非常高,很多家长也参与其中,在"评论区"留言,家长们互相夸奖。毫无疑问,这样的展示对学生学习的推动作用还是非常明显的。此时,孩子们因疫情不能走进大自然拥抱春天,但美丽的春色却在展示区弥漫,别有一番风味。

网络搭台,文化唱戏,这样的展示活动,更容易激发学生的好奇心,让他们以更饱满的热情投身于学习当中,老师则在一旁笑而不语、静待花开。

五、用好"双刃剑",积极传播"正能量"

学生在线上学习后,网络信息也大量地充斥着他们的生活,而这些信息也是泥沙俱下、良莠不齐的,老师应该积极利用网络资源传递"正能量",传播真善美,毕竟我们教育的目标始终是立德树人!我用润物无声的育人方式启发孩子的美善、守护孩子的心灵。

在教读《竹石》这首古诗时,不仅让学生明确作者借竹子立根破岩、经受磨难的特点,表达了诗人不屈服外界压力,坚持自己高尚的人格理想,而且我还不失时机地结合当下抗疫大环境,引导学生在生活中寻找竹子精神。师生共同致敬最美逆行者:愈险愈勇,任尔大疫大灾;愈艰愈前,唯其至刚至笃。我们立志做祖国接班人:勇于直面困难,敢于接受挑战,勤于笔耕研读,成国家之栋梁。在网络中借鉴丰富的图片、文字资源,引发了师生强烈情感共鸣,大家都很感动并表示,珍惜当下,配合防疫,努力学习,好好生活……

在一次写作指导课上,写作主题是"让真情自然流露",要求学生学习写一件有真情实感的小事。我也不失时机地引导学生立足当下,观察生活,结合时事,写好有真实情感体验的一件事。同时,老师本人抛砖引玉呈现了自己写的一首小诗:

迎春来

春花浪漫时,疫情悄来袭。"魔都"千万家,闭户静寂寂。生活不间断,大白风雨里。核酸加抗原,还要送粮米。日行数万步,汗水内湿衣。为送张元伯,再迎春光时。

老师将这段时间的生活与感受用诗词表达了出来,与学生们同享,同时,还利用网络平台,把自己平时看到的文质兼美的文章上传至班级"群文件"推送给学生共赏,从自身做起,引导学生关注生活中的真善美,不受负面信息影响,学生也纷纷交流并写下了让自己感动(快乐)的一件事。即便师生都居家办公、学习,但是我们依然感受到了生活中的小美好、小幸运,并共同期待明天会更好!也共同期待线下见面的美好时刻,我相信那时,我们呈现出的都是更好(或全新)的自己!

总之,老师要做个有心人,不仅要利用好教科书中和生活中的题材,更要充分利用好网络资源,及时开展育人工作,引导学生关注"正能量"的人和事以及正面的社会新闻,帮助学生树立正确的"三观",在不确定的世界里做一个确定的人。

疫情无情人有情。课堂教学从线下转移到线上,我却感悟到了情感因素的重要性,隔着屏幕的教师,不仅传道授业解惑,也要强调非智力因素的引导和介入,育人更暖人。无论是解锁"社恐",还是"叮"关爱、"云"展示等都较为明显地拉近了我与学生之间的"心距离"。即使是讨论阅读学习难点时,也会引导我发现学习背后的亲子关系才是解决问题的关键所在。这更让我反思到学生的"社恐"可能只是恐惧教师的"权威",可能只是恐惧教师"严厉的教学",此时,我可能失去了这种权威和严厉,但是收获的是"暖教学",就会像心理学家齐瓦·孔达在他的著作《社会认知》中指出的,如果融入了情感和愿望的因素,学习过程更容易被学习者悦纳,所习得的知识技能也容易迁移运用,不容易遗忘。学生失去的只是枷锁,而他们获得的将是整个世界!

16. "永远"排不齐的桌椅

上海市浦东新区昌邑小学　潘　琳

"有个性"的小腾

小腾是二年级突然转入我班的孩子。

周一早晨,背着大大书包的小腾出现在教室门口,黑白分明的眼珠子圆溜溜转着,狡黠的目光不停地打量着我,既不喊"报告",也不走进教室,只在门口往里张望。当他发现我注意到他时,故意把头转向一边,再也不看我了。我想:这孩子还挺有个性的。我微笑着把他领进教室,孩子们互相问好,气氛融洽。等到安排座位的时候,我看了看矮小的小腾,以及正好坐满的教室,我思量了一会儿,弯下腰,看着小腾的眼睛说:"小腾,第一排第一个位子是你的,你就坐在那里,好吗?"他扭过头看了看新增的靠近讲台边上的座椅,"随便。"他小声嘀咕了一句,头也不回地坐在了位置上,不再理睬我。

接下来的日子,我对小腾有了进一步的了解。每天在课堂上,他总是不停地做小动作,把铅笔盒里的笔摆得满桌都是,手不停地摆弄着,还在桌子上、书本上不停地写着,经常弄得双手和衣服上都是墨水,要不就说上几句"玩笑话",引得全班同学哄笑,搅乱课堂纪律。他写作业字迹潦草,根本没法看。课间也是满教室瞎跑,好像谁也约束不了他。上操的时候,他的小动作更是多得出奇。我找他谈心,对他说:"你要想要得到星星奖章,应该努力才行。"没想到他对我说:"老师,我根本就管不住自己。"

一次早操,小腾因脚扭伤了只能坐在一旁晒太阳。我就故意走到他身

165

边,装作随意和他聊着天。他很高兴地说:"在幼儿园时,我可是班上的故事大王。"我鼓励他:"那么小就当故事大王,现在就应该更棒了。"他小声说:"不行,那是过去,我现在什么都不行。""谁说你不行,小腾在老师眼里会的可多了!""以前,老师说我不行,什么都学不会!"我刚想问下去,小腾扭过头去,不再搭理我了。

更令我难忘的是一次课间休息,小腾的作业没完成,我就坐在讲台边,耐心地等着他写完。此时,小朋友们都在走廊上休息,教室里只有我们两人,我没有批评他,而是耐心地告诉,以后要按时完成作业,慢一些也没关系,老师会一直等着他。谁知小腾竟然自言自语地说:"在原来的班级也是我最慢,老师因为整个班级收本子慢总是批评我,说班级都是我一个人搅坏的。"

"有个性"的小腾,其实是一个认知严重偏差的孩子。"我很坏,我不行"深深刻在了他的心里,使他失去了信心。这种认知的扭曲,来自老师对他的不停批评,家长对他的失望态度,还有同学对他的嘲笑,这些使得他的错误认知不断强化。因此,帮助他正确认识自己、正确评价自己、建立自信心是关键的第一步。

端端正正的"正"

对于这样一个孩子,批评是无济于事的,尽管小腾在课堂上还是不停地违反纪律,但当着全班同学的面,我总是尽量提醒他,不断地强化:"人都会犯错误,老师也不例外,老师给你改正错误的机会。"并且想尽办法把他的闪光点展示在全班面前。

一次,写语文作业的时候,我指着他的本子说:"你看,这样乱糟糟的,多不好看啊,你想把它写好吗?""老师,我想把它写好,但是我就是写不好!"他还是一副肯定的语气。我紧接着说:"你没有去做,怎么知道呢? 试试看,好吗?"他点了点头,回到座位上了。我站到他的身边,只见他认认真真地写了第一个字,虽然出了格,但比起以前有了很大的进步。我不失时机地说:"你看看,写得多好,如果能把字写小点,不出格就更好了。"只见他一笔一画写得可认真了,等到他把写好的作业送到我面前的时候,我更是大加赞扬说:"哎呀,连老师都不相信,这是你写的,老师亲自为你敲上一颗星。"说着,我从值日班长手中接过图章,郑重地把一颗金灿灿的五角星盖在他的本上,站在一旁的小腾羞红了脸,一蹦一跳地回到了座位,并激动地展示给四周的同学看呢!我微笑着面对全班,"孩子们,今天小腾的作业得到了第一颗星星!"同学们鼓起掌来,不约而同地朝向小腾,纷纷竖起大拇指,我示意孩子们安静,大声地肯定地对小腾说:"别人能做到的,小腾也行!"小腾极快地点了点头。"男子汉说话可要算数,让我们击掌,作为约定!"小腾迟疑地举起了他的小手,和我的大手用力地相击在一起。

语文课,我正在教学生"正"这个字如何书写,二年级的孩子们基本都能掌握书写顺序,正当我准备一笔带过时,突然想到不如让小腾来试一试正确的书写方式,说不定……当下决定之后,我立刻邀请小腾来到黑板前做"小老师"。在我迫切的眼神的鼓舞下,小腾慢吞吞地站起来,走到讲台前,从我手中接过粉笔,一笔一画地在黑板上的田字格里端正地写下了"正"这个字。顿时,教室里响起了热烈的掌声。小腾的头低得更低了。下课后他跑到我的身边,对我说:"老师,我觉得不自在。以前我习惯接受批评,现在表扬我反倒不习惯了。"多么天真的孩子,他一语道出了自己在学校生活中的境遇。我对他说:"以后你会慢慢习惯的。"

造成小腾认知偏差的原因是多方面的,要转变他这种错误的认知,除了老师要改变教育方法外,还要寻求家长的配合。我找小腾的家长了解情况,并提醒家长要注意孩子的心理健康。小腾的妈妈反映家人对小腾指责太多,小腾对家人的逆反心理严重,也表示今后一定注意教育的方式方法。

小腾在集体生活中,他犯了错误,同学们难免指指点点,有时甚至挖苦讥笑,这对小腾的进步是极为不利的。我对全班同学进行教育:同学犯错误是难免的,每个人都会犯错误,但我们更应该看到犯错误的同学改正错误的态度,更应该看到他们的点滴进步,并不断给予鼓励。

"永远"排不齐的桌椅

第一组的小组长牛牛这几天一直向我投诉:"老师,我们组的桌椅老是排不整齐,每天早晨,我明明排得整整齐齐,没过多久,桌椅又变得歪歪扭扭!""那你有没有观察过从哪一排开始,桌椅变歪了?是不是这节课课间,同学们要去专用教室排队,大家匆匆忙忙离开教室把桌椅撞歪了呢?我们一起找找桌椅老是排不齐的原因吧!"牛牛认真地点点头:"我一定抓住这个'罪魁祸首'!"她像立下了军令状似的,风一般转身就跑回了教室。

没过几天,牛牛又兴冲冲地跑来找我"告状"了,"老师、老师,我找到桌椅排不齐的原因了!""哦,你可是一位小侦探呢,告诉老师你的发现吧!""是小腾,自从他来了之后,座椅就没有整齐过,就是因为坐在第一排的他没有摆正,所有的座椅都排歪了,他就是捣蛋鬼!"我心里一惊,连忙说:"也许小腾不是故意的呀,牛牛可不能这样说同学呀!""怎么不是,他就是故意的,当我发现他的桌椅歪歪扭扭,我就去提醒他,可是他要么对我不理不睬,要么嘴上说知道啦,可是他的桌椅又没有摆正,他就是十足的捣蛋鬼!"看着牛牛气鼓鼓的样子,我连忙安慰道:"老师知道啦,今天一定仔细观察,放学之前给你一个交代,不过这件事你得先保密,我要好好调查一下,行吗?""行!"牛牛如释重负,高兴地走了。

第一节正好是数学课,我故意留在教室批改作业,趁机观察小腾。当数学老师史老师讲得投入时,她不自觉地走到同学中间和同学们更好地互动,这时,我看见小腾目不转睛地看着史老师,自然而然地把自己的椅子用屁股往后一挪,桌子用双手往后一拉,他这是在干吗?我心里纳闷极了。与此同时,史老师就顺利地走过他的身边往后面的同学中走去,继续激情四射地和孩子们进行互动。每次史老师靠近第一组,小腾就会重复挪椅拉桌的动作,一次又一次,以至于整个小组的座椅都不再整齐了。我不动声色地继续批改作业,心思却全放在小腾那奇怪的举动上,他这是害怕史老师吗?但是,他的神情毫无惧怕之色,反而很投入地听讲。他挪椅拉桌的行为极其自然,好像是一种习惯。我心里奇怪极了,下定决心,一定要调查清楚。

下课后,我和数学史老师说起课堂观察到小腾的一系列动作,史老师笑着说:"你不要责怪小腾,小腾这孩子真有心,你看,这小组之间的走道狭窄,我比较胖,有几次急匆匆地想通过走道,就会撞到桌角。有一次真被撞疼了,我不由得叫出声来,被小腾注意到了,这孩子闷声不响也不多说什么。但之后我就撞不到桌角了,一开始我也觉得奇怪,后来发现,每当我靠近走道,小腾就会挪开桌椅让我轻松走过去,这样一次又一次,这孩子竟养成了习惯!你看,我早该告诉你了,这孩子……"后来,史老师说了些什么,我渐渐听不清了,整个人都陷入了沉思。

中午,同学正在安静地午休。我看了看小腾,心里忽然有一种温暖的感觉,我慢慢走到小腾身边,"小朋友们请坐端正,老师想和大家说一个秘密!最近,第一组的小朋友老是抱怨桌椅排不整齐,经过老师的观察,找到了原因。"小朋友们交头接耳,窃窃私语,胆子大的小朋友还偷偷地指向小腾,小组长牛牛瞪着大眼睛,目不转睛地看着我,仿佛正等我批评小腾呢!

"小朋友先来听老师讲一个故事,有一年冬天,齐国一连下了三天三夜的大雪。齐国大王齐景公披了件保暖的皮袍,坐在厅堂里欣赏雪景,觉得景致新奇,心中盼望再多下几天,那就更漂亮了。齐国大夫晏子走近,若有所思地望着翩翩下降的白雪。景公说:'下了三天雪,一点都不冷,倒像春暖的时候啦!'晏子看景公皮袍裹得紧紧的,又在室内,就有意追问:'大王真的不冷吗?'齐景公点点头说:'我又不是三岁孩子,连热冷都不知道。'晏子知道景公没有了解他的意思,就直爽地说:'我听说贤明的君主自己吃饱了要去想想还有人饿着;自己穿暖了要去想想还有人冻着;自己安逸了要去想想还有人累着。可是,您怎么都不去想想别人啊!'景公被晏子说得一句话也答不出来。齐景公如梦初醒,立即下令拿出一些衣食周济那些挨饿受冻的人。小朋友们,我们不如设身处地地去体会别人的想法,尝试推己及人地为别人着想。小朋友都在责怪小腾弄乱了桌椅,有没有人想过他为什么这么做吗?"教室安静极了,我都能听见小腾紧张的呼吸声。

突然,坐在小腾后面的小安举起手来,"老师,我发现小腾每次看见史老师走过来都会挪动桌椅,是不是为了让老师走得方便些?""啊……是这样啊!""我们都误会他了,小腾真善良!""我们怎么没有想到!"牛牛更是憋红了脸,欲言又止。我笑着对小朋友们说:"看来小朋友们都听懂了老师的故事,也明白了小腾同学的行为!老师为小腾、为所有理解小腾行为的小朋友而感到高兴,你们真是了不起!"午会课结束后,牛牛来到了小腾身边,轻声说些什么,不一会儿,两个孩子高兴地笑起来。

如果说教师对学生的爱是教育成功的原动力,那学生对教师真诚的回应就是助动力!苏霍姆林斯基把教师热爱学生视为"教育的奥秘",他认为师爱是教师发自内心的对学生关心、爱护、尊重、信任、期望、赏识以及尽责的美好情感,当学生感悟到这种师爱后,便会激发出积极向上的热情,从而达到良好的教育效果。我对小腾的帮助初显成效,以心换心,真诚相待,必有共鸣。小腾这样自我否定的学生,慢慢充实自信,更重要的是他懂得为他人考虑,愿意把真挚的爱馈赠给老师。

作为老师,我自始至终都相信"每个学生都有成为好孩子的愿望",正因为有了这样的信念,我更愿意用伯乐的眼光去发现学生的闪光点,对学生充满信心,不抛弃、不放弃,以足够的爱心,用呵护的态度对待学生。苏霍姆林斯基提出:"如果每个儿童的喜悦和苦恼都敲打着你的心,引起你的思考、关怀和担心,那你就勇敢地选择崇高的教师工作作为自己的职业吧,你在其中能找到创造的喜悦。"毫无疑问,我从小腾为老师挪开桌椅的一次又一次的行为中感受到了孩子对老师深深的爱意,他的这种改变让我的心中盈满着温暖。

在这场师生间双向奔赴的温暖路程中,教育机智也是不可或缺的。

小腾的这个案例是一个比较典型的运用教育机智走进学生内心并获得真诚反馈的鲜活事例。我所认为的教育机智就是教学过程中的一种特殊定向能力,是指教师对学生活动的敏感性,教师能根据学生新的特别是意外的情况,迅速而正确地做出判断,随机应变地及时采取恰当而有效的教育措施解决问题的能力,教育机智是教师良好的综合素质和修养的外在表现,是教师娴熟运用综合教育手段的能力。苏联教育家马卡连柯说过:"教育技巧的必要特征之一就是要有随机应变的能力,有了这种品质,教师才能避免刻板公式,才能估量此时此地的情况和特点,从而找到适当手段。"我们可以从以下三个方面入手,运用教育机智处理问题:

第一,敏锐发现问题,及时应变。教育过程是一个动态的活动过程,教育对象是性格各异的学生,不同情境很容易引发学生的不同反应。小腾是新转入的学生,但是从他对老师、作业以及伙伴的态度,不难发现问题,准确、快递地发现显性问题,解决隐性问题,这是老师必备的教育机智。

第二,抓住教育契机,促进成长。教育就是要在尊重生命、关注个性、崇尚智慧的基础上,创设一种自由、和谐、开放、创造的氛围,激发孩子的天性,引导孩子自信、积极、主动地自我学习。让小腾在全班面前展示他刻苦练习之后的书写,并得到老师和同学的肯定与欣赏,让小腾有信心、有兴趣继续学习。从某种意义上说,教育是一个让学生孕育梦想、追寻梦想、实现梦想的过程。

第三，抓住关键问题，策略处理。面对已经出现的状况，教师要冷静，透过纷繁的表面现象，抓住关键问题，有智慧地处理事情。小腾桌椅的无法排整齐是表面现象，问题的关键在于他关心数学史老师，想方设法不让老师再次受到桌角的伤害，如果简单处理、粗暴批评，必然忽视了小腾的善良。在教育全班小朋友将心比心地看待其他同学的行为时，用故事巧妙地引导比直接简单地教导更意味深长，引人反思。

苏霍姆林斯基曾经指出，"人类有许多高尚的品格是人性的顶峰，那就是个人的自尊心。"呵护学生的自尊心，尤其是问题学生，我们应本着循序渐进的原则，耐心地指导他们，细心地教育他们，这样才能消除问题学生的逆反心理，引导他们在向上的道路上稳步前进，激发他们的学习动机，并且从内心对教师产生好感、信任和尊敬，产生良好的双向反馈。

爱护、信任、赏识不同的个体差异，当学生感受到这种爱后，便会激发积极向上的热情，从而达到良好的双向互动的教育层面，怀揣着相信"每个学生都有成为好孩子"的愿望不停地向前走，终能走进孩子的心里。机智、策略，以及引导学生向往至真至善，当学生被感动、感化后，他的正面、积极、善良的生命感、价值感自然会被唤醒。

17. 只记一个人的秒表

——改变评价方式,打造温暖教育

上海市浦东新区世博家园实验小学　倪天明

一、越来越高的课程地位

随着中国体育事业的发展越来越强盛,体育的各个领域都取得了傲人的成绩,体育在学校的教学课程中的地位也愈发重要。最新颁布的五项管理中的体育运动管理也明确指出:加强体质管理,为孩子强健体魄注入活力。看来加强学生的体育锻炼,刻不容缓。

似乎所有人都在关注孩子体质健康状况,而小学阶段是人的一生中最主要的启蒙阶段,是长身体、学做人、增知识、发展思维、开发智力、培养各种能力的重要时期,也是一生中可塑性最大的时期。此时如能养成良好的锻炼习惯,将影响孩子一生。因此学校也积极开齐开足体育与健康课程,现在小学每周开设 5 节体育与健康课程,初中阶段每周开设 4 节体育与健康课程,高中阶段每周开设 3 节体育与健康课程。并且全面落实大课间体育活动制度,保证学生每天 1 小时的体育活动时间,确保不以任何理由挤占体育与健康课程和学生校园体育活动,保证每节课间都应安排学生走出教室适量活动和放松。同时还大力推广课后体育锻炼活动,学校要对体育课后锻炼加强指导。由此可见指导孩子学会劳逸结合,保持良好的生活规律和体育锻炼的习惯是当务之急。

二、难以跨越的身体素质的鸿沟

2022年的北京冬奥会相信大家仍记忆犹新吧,中国队获得了9金4银2铜的出色成绩,在冬残奥会历史上首次位列金牌榜和奖牌榜的双榜首,参赛各大项目均取得历史最好成绩。作为中国人,我感到如此的自豪,但我同时也知道,运动员们为此付出了多少的努力、汗水。而我们往往只看到了这些奥运冠军的成绩,却忽视了更多普通人的努力。就好像谁都知道短跑世界名将博尔特,但同时比赛的第二名、第三名又有多少人能记得?

奥运会是公平的,但其实体育本身也是最不公平的。它的公平在于规则、裁判,但参赛者本身的条件又是最不公平的地方。在学校体育的教学中,我们往往会遇上一些身体素质十分优秀的学生,他们凭借着自己与生俱来的天赋,很容易就能在每一个项目测试中达到满分的成绩。但对于更多的学生来说,拼尽全力也只能勉强达到及格标准,还有一些身材肥胖或矮小的学生,甚至觉得上体育课简直是他们的噩梦。在我执教的某个班级中就有一位小周同学,他是一个乐观、开朗的胖小伙,是班级里的开心果。体育课上的他总是嘻嘻哈哈,看上去似乎没有任何烦恼,在练习时也总表现出一副懒洋洋的样子,每次体育测试,他总是无法达标,但胜在他心态不错,还是一如既往的乐呵。面对班级中的这些小胖子们,我除了无奈却也没有有效的方法去帮助他们。我心里只能默默把他定义成了一个体育"小学渣"。

现在越来越多的学生在小学阶段中就已经BMI指数达到超重或肥胖了。这都是由不健康的饮食、不规律的作息、缺乏体育锻炼造成的。另外,随着科技的进步,越来越多的孩子在周末放假时选择在家上网、看电视、打游戏等,还有更多的孩子在假期中要参与各种才艺班,这些情况使得原本孩子动一动、玩一玩的时间被剥夺,身体得不到锻炼,当然他们的身体素质也会有所下降。

三、来自学困生的感动

这一天,小周同学的表现引起了我的深思……

"今天体育课的内容是 50m×8 的耐力跑,请同学们做好热身准备……"话音未落,就传来了大家此起彼伏的抱怨声,有些同学甚至叫起了"苍天啊",我看着这群小家伙们,真是又好笑又无奈。"哔——"伴随着一声清脆的哨音,测试开始了,只见同学们一个个咬紧牙关、奋力起跑,操场上热火朝天,加油声、呐喊声此起彼伏。不一会儿,有些同学开始体力不支了,速度明显慢了下来,有的同学甚至走了起来,嘴里喃喃着"跑不动了,一步都跑不动了。"

轮到小周同学那一组了,其余同学都随着哨声奋力起跑,而小周似乎一点儿不着急,只见他慢吞吞地出发,那双小胖手随着身子摆动着,摇头晃脑,一边跑还一边有节奏地叹着气。我心想:这个臭小子,又要耍赖皮了,等等估计要中途放弃了吧!就在所有同学都差不多跑完四个来回之后,我惊讶地发现,那个"困难户"依然保持着出发时的速度,依然摇头晃脑的,依然摆动着那双小胖手,不同的是,此时的他已经面红耳赤,满头汗珠往下淌,但他仍然在跑道上坚持着,我有点发愣,但我可以确定的是,这小子在跑,不是走!我已经记不得他是在什么时候被"套"了圈,秒表的时间也早已超出了评分的最低标准,但他依然在那倔强地跑着,喘着大粗气,没有停下来,没有注意到此刻的我正在关注着他。

除了惊讶,我突然有些感动,我看了看秒表上的时间,对他喊着:"加油!小周,老师在帮你计时呢,再加把劲。"旁边的同学们也跟着我一起为他加油鼓劲起来!他没有看我们这边,但咬了咬牙,攥紧了拳头……终于他跑完了全程,同学们和我都忍不住为他鼓起掌来。我拿着秒表问他:"看看成绩不?"此时的他,涨红了脸,挠挠头不好意思地说:"老师,我已经习惯了,太胖了跑不动,我只能坚持跑完,成绩什么的无所谓了。"说着他又不好意思地笑了笑。今天小周的表现令我对他有些刮目相看了,相比其他跑不动就走的同学,他可是实实在在地"跑"完了整个50m×8。看来小周同学平时虽然看上去懒洋洋的,其实骨子里透着一颗坚毅的心。

四、一次推心置腹的交谈

课后,我和小周聊了会儿天,了解到平时他最爱吃肯德基、麦当劳这一类的油炸食品,不爱吃蔬菜,就爱吃肉。在家里基本上也是除了写作业就是看电视,几乎不会运动和锻炼,久而久之形成了懒惰的习惯,身材也越来越胖,他也挺烦恼的。于是,我对他科普了一些肥胖带来的危害,同时也指出通过健康的饮食和适量的运动能使身体更健康,也可以在体育课上慢慢地突破自己身体的极点,达到更好的成绩。他听完也表现出想要改变的想法,他笑着告诉我其实他一直都想默默证明自己也能完成每一次测试,所以每次都咬牙坚持跑完,希望得到大家的肯定,不希望在体育课上总被同学们开玩笑。对于他的坚持,我给予了肯定和支持,同时还鼓励他每天回家可以进行一些有氧锻炼,慢慢坚持下去,给自己设定一个小目标,并尝试去达成。

同时,我还和他做了一个约定,我答应他以后每一次练习或测试都会为他掐秒表,尊重他的努力,他听到后开心极了,答应我一定努力锻炼,争取进步。

五、评价方式再思考

经过这一次和小周的交流,我感触很深,想起一位校长这样说过:"每个学生都是一轮初升的太阳,有的尽管现在还暗淡无光,只是一时被云雾遮住了,一旦冲出云雾就会光芒四射。"以前的我总认为已经不合格的成绩就没有记录的必要了,其实不然,这些成绩对于他们来说也是十分重要的,哪怕只是一分一秒的小进步。我应该给予这些能力或身体素质较弱的孩子更多的关注与肯定。如果我能做一个有心人,去关注这些小细节,去尊重每个孩子的努力,去肯定他们的坚持,去看到他们的付出与汗水,那同样的,我也一定能得到同学们更多的尊重与喜爱,我也会有更多收获吧!

看来我要更多关注个性差异,课堂上还需要更多的评价方式。评价是促进学生自我教育和自我发展的有效方式,有效、适切的评价可以激发学生的学习动力。所以我想,我也可以给小周同学一个特殊的评价方式,一个只属于小周同学的评价方式。自那之后,每次的体能课,我都会为他多带一块秒表,这块秒表,只为他一人计时!

3分30秒……3分20秒……3分08秒……虽然依旧慢于评分的最低标准线,虽然依旧没有达标,但每一次他都会有那一丝丝小小的进步,每一次他跑完都迫不及待地凑过来问我今天战绩如何,从他的言语中我能真切地感受到他对于自己那小小进步的喜悦,我真心为他的乐观、努力、积极向上感到骄傲。孩子,不用和兔子去比较,只需在自己的跑道上坚持奔跑。

同时,我不断对自己的教学进行反思,其实教师并不是唯一的评价主体,提倡开展学生自评、生生互评、师生互评相结合的多元性评价,才能增进评价者与被评价者之间的沟通、了解,更好地促进被评价者的自我反思、自我发展。作为教师要在课堂上根据学习目标和要求创设情境,引导学生主动参与学习活动,积极开展自我评价,让学生养成自我意识和自主学习能力,促进学生实现真正的自主学习。学生是学习的主体,我们应充分调动和发挥学生集体的力量,让学生参与评价,通过评价互相促进。

此后,我经常在课上鼓励孩子们组成一个个小组,认真观察小伙伴在一段时间内的改变,是否进步了,哪怕只是1秒、2秒都值得被肯定!同学们的积极性也大大提高了,小伙伴之间的友谊也更加坚固。同学之间互相评价不仅有利于学生互相学习优点、改正不足,还可以锻炼自己的判断能力和口语表达能力,能提高学生思考问题、分析问题、理解问题的能力,还能培养学生自信、勇敢的品质,增强学生学习的动力,不断地发展和完善自己。

同时在课上我努力建立一个接纳的支持性的宽容的课堂气氛;学会与学生一起分享他们的情感体验和成功喜悦。我总能在他们的评价中发现一些小惊喜,处在学生的地位听学生评价,不仅能充分调动学生主动学习的积极性,同时也促使学生思想碰撞。在交流中,形成民主、自由、开放的学习氛围,相互取长补短、共同进步。在认真倾听他们的交流中,我也学到很多,对我的学生们也有了更全面的了解。

转眼五年级快毕业了,小周同学的耐力跑虽然说不上优秀,虽然他还是依旧雷打不动地摇头晃脑,摆着他那双小胖手,但他却从未放弃过能快1秒的努力,从未停止向前的脚步。在他的影响下,班上的其他同学都学会了"坚持"两字的含义。

以前的我,关注的是学生的体育成绩、测试通过率。对于学困生只是摇头叹息,却没有真正思考学困生背后的困难。而现在我明白了,十指有长短,每个孩子的天生素养存在差异,但也要坚信每个学生都有学习的潜能。作为教师,多一份观察,多一份思考,多一份鼓励,多一块秒表,每位孩子都是赛道上的一员。

18. 小蜗牛成长记

上海市浦东新区实验小学　戴蓉蓉

我要讲述的是我自己的儿子"小蜗牛"——一位发育迟缓儿童的成长故事。作为一名小学教师,从业近10年。虽不算资深教师,但也接触过了形形色色的孩子。每每遇到后进生,做老师的总是有些头疼。但没想到,老天给我开了一个大玩笑,我的孩子甚至连普通孩子的发育水平都没有达到,他一路的成长充满了困难和家长的辛酸。

从"小蜗牛"学爬开始,他就比一般的孩子慢,走路也会得晚。但是由于"小蜗牛"是8月24日生的孩子,我们总想着它比一般孩子小,慢慢会跟上来的。直到幼儿园报名那天,外婆抱着发烧的"小蜗牛"遇到了幼儿园的园长。园长一眼看出来孩子的异样,告诉我孩子可能有"轻微"的自闭症,希望我们尽快带去检查。

从幼儿园回来后,我整个人崩溃,怎么可能是自闭症呢?如果是自闭症怎么办?自闭症的孩子还有救吗?……无数个问题在我脑海里回荡。我立马预约了儿童医院的专家门诊,怀着极度忐忑的心情前往就医。吴红医生一眼看出孩子并不是自闭症,但有很明显的发育迟缓。"小蜗牛"的发育程度比普通孩子整整晚了一年半。在专家的建议下,我们开始服药、打针、做康复。

晚来的牙牙学语——耐心

每一个决心献身教育的人,应当容忍儿童的弱点。

——苏霍姆林斯基

3岁的"小蜗牛"还不会说话,让他开口成了康复训练最急切的第一目标。第一节"语训"课,老师将"小蜗牛"单独放在了固定座椅中,但是孩子十分抗拒,大声尖叫想要挣脱。为了让孩子更配合,老师破例让家长在旁陪同。我看到老师拿出来各种有趣的卡片、玩具、视频等引导孩子开口发音。一堂课45分钟,孩子除了尖叫一个音也没有发。我们进行了周而复始的45分钟,一个月后,孩子能够自己上课了,但语言上仍旧没有见效。为了尽快让"小蜗牛"开口,回家后,我会根据语训老师的指导进行加强练习。"妈妈、妈妈、妈妈……"我模仿着老师的样子,用最夸张的嘴形,一遍又一遍地说着同一个词语。再捏捏他的小嘴巴,模仿发音的动作,而"小蜗牛"多数的时候只是咯咯笑,可能他觉得我是在同他玩吧。"爸爸""妈妈"这两个简单的词语,无论我演示多少遍都没有成功。

　　我曾问老师,孩子要训练多久才能开口呢?老师很无奈地说:"这要看个体差异,有的孩子一两个月就有进步了。有的一年没有进步也是很正常的。但是家长你别放弃,我们一起努力,孩子一定会有收获的。"是啊,一起努力!一定会有收获的!那一年里,我跟着语训老师的方法在家训练,中途崩溃过、无数次想要放弃。但是如果我都放弃了,孩子就更加难以进步了。每次坚持不下去的时候,我会找语训老师寻求帮助,老师总会说:"小蜗牛很棒的,每天都在进步。"然后她会把孩子微乎其微的闪光点放大100倍给我们看到。因为这位老师知道,哪怕孩子只有微小的进步,这也将成为家长坚持下去的勇气。

　　是这位老师让我看到了教育的温度,她努力地教着一个个可能几年都学不会说一句话的孩子,她的耐心和爱心温暖着懵懂的孩子、绝望的家长和一个个困难的家庭。这位老师身上所展现的,正是每位教育者都需要的品质,当我们面对班里的后进生或是特殊学生时,我们是否能够用超乎寻常的耐心和爱心去关怀他们?当我们面对这部分学生家长时,我们更应该关注他们的心理。这些家长们跟我一样无助,他们需要老师的鼓励,哪怕只是表扬孩子的一个小小的进步,也能成为他们和孩子继续努力的动力。

颤颤巍巍的小手和小脚——规矩

> 人类教育最基本的途径是信念,只有信念才能影响信念。
>
> ——乌申斯基

由于新冠疫情,"小蜗牛"的公立康复做了一年时间不得不停止。疫情结束后,我们商量着去私立的机构再试试,孩子会不会进步得更快一些。于是我们找到了位于徐汇区的"星宝贝"儿童康健中心。

去星宝贝时"小蜗牛"正在上中班,情况依然不容乐观。最为明显的是孩子的肌力十分薄弱,因此他的平衡感极差、走路颤颤巍巍,性格胆小、脾气暴躁。在星宝贝我们遇到了第一个给"小蜗牛"做规矩的人——孙老师。这是一位很有力量感的女老师,说话掷地有声,中气十足。

孙老师的课堂可用"有原则"来概括。"说到必须做到"是她对"小蜗牛"的教育准则,这个准则不会因为"小蜗牛"的尖叫、打滚,甚至自我伤害而改变。他们两人之间无形地较量着,先退让者败。一堂45分钟的感统课,孩子的尖叫声几乎没有停止过,坐在门外等候的奶奶和我时常因为不忍心而躲到走廊等候。显然,"小蜗牛"不是孙老师的对手。尽管他叫得嗓子都哑了、地上滚了无数圈也无济于事,该做的训练,一个都逃不了。一个月后,孩子上课不再尖叫,他已经知道这招没用。第一轮的博弈,孙老师胜,我将这个月称之为魔鬼第一月。

相同的训练,在家我们也要配合着做才能让孩子进步得更快。但是在家里的训练一点都不顺利。例如拍球,孩子在课上可以拍几十个,在家里怎样都不愿意做,对抗我们的方式还是尖叫和哭闹,出于无奈我只得向孙老师求助。孙老师告诉我:"你必须坚持自己的原则,让他知道你说的他必须做到,一开始会困难些,但是只要逼着他做到几次,他就知道自己的反抗是没有用的,之后就会收敛。做得好的时候,也可以适当给些奖励。"模仿着孙老师的方法,我也开始给他立规矩,为了让他必须坚持做完,大声呵斥过、好言哄骗过、威逼利诱过……任何能用的方法都用上啦!宗旨只有一个——必须到达目标数!

"立规矩"从来不是一件容易的事情,对于我们这样的孩子更是比普通孩子难上好几倍。这个过程中,孩子学到了人生第一课——不是什么事情用撒泼打滚就能顺他的意的,这也为之后的学习奠定了基础。在这个过程中,我知道了,原来就算是"小蜗牛"这样发育迟缓的孩子,也能够在老师信念与原则的引领下遵守规则,那么在教育其他孩子的时候,只要教育者能够做到有原则,就没有立不好的规矩。

颤颤巍巍的小手和小脚——细致

教育的根是苦的,但其果实是甜的。

——亚里士多德

在孙老师手下学习了两个月后,星宝贝在浦东开设了新的机构,于是我们转战到离家更近的地方,但也因此失去了一位好老师。当时我特别焦虑,觉得没有哪位老师能够代替这么厉害的孙老师。

新的感统老师姓袁,是一位身材偏瘦的中年老师,讲起话来嗲嗲的,声音很好听。与中气十足的孙老师比,显得较为柔弱。第一次见到这位老师,我的心中布满了疑云:这么瘦弱,如何搞定这个犟如牛的孩子?

在袁老师手里,除了感统训练外,"小蜗牛"最大的进步在于书面练习。身为一名小学语文老师,我也尝试过教孩子握笔与写字,但是孩子总是握不住那根细细的铅笔,更别说写出字来了。失败的次数多了,孩子很挫败,我也很挫败。怎么在学校教其他孩子的方法用在自己儿子身上一点用都没有呢？但是在袁老师手里,"小蜗牛"不仅学会了握笔,还能够自己做连线题、走迷宫等。每次下课,袁老师总是拿着孩子课上的作业,跟我分享孩子哪里做的不错,哪里还要回家继续练习。

在家训练时,我总是因为孩子能力薄弱,有的练习差不多做到了就算过关了。但是袁老师却指出:走迷宫时,画的线不可以碰到迷宫壁;做控笔连线时,每一个小圆点都不能漏掉;做点阵图形时,线要尽量直……在袁老师这样精细的要求下,最先改变的是"小蜗牛",他对自己的要求越来越高。在家里走迷宫时,不小心碰到了一点点迷宫壁,我的第一反应是:就一点点没事的,不用擦掉,但是孩子会说:"我碰到黑黑的了,擦掉再来。"如果我跟他说:"没事的,就一点点,不用擦。"孩子一定不会听我的,坚持要擦掉。做点阵图时,"小蜗牛"会自己检查哪个点因为没控制好笔没连上,他会要求擦掉再连。细致的老师带出了一个同样细致的学生,我做梦也不会想到有一天"小蜗牛"会对自己有所要求。

因为前期的细致的控笔训练,现在孩子已经会写数字和简单的汉字,数学十以内的分合也全部能做了,这是我之前想都不敢想的,也算小小的苦尽甘来了!

用懵懂的小脑瓜努力理解世界——喜爱

热爱孩子是教师生活中最主要的东西。

——苏霍姆林斯基

"小蜗牛"的成长道路上遇到过很多老师,面对这些老师,他懵懂的小脑瓜中多是畏惧。因为这些老师无一不"逼"着他能够进一步、再进一步。或许,在他的世界里,并不喜欢这些老师,可是他也不理解妈妈为什么每天都要带着他去做这些不快乐的事情。直到有一天,她出现了!这位老师犹如一道光,照进了"小蜗牛"的心里,也是这位老师,第一次打开了孩子对"喜欢"这个词语的理解。

李老师身材娇小，20出头的样子。但她娇小的身体里蕴含着惊人的能量，有时她在二楼上课，一楼大堂都能听见她一声声嘹亮的"哇！你真是太棒了！""太厉害了，答对了！"……她似乎有用不完的活力，有说不完的赞美，在她的带动下，原本有些木讷的孩子慢慢开始"活"起来了。"小蜗牛"对任何人都没有很大的兴趣，包括最亲近的家人，我们的存在他经常视若无睹，因此会被怀疑轻微的自闭。但是每次看到李老师，他都会很兴奋地跑去拥抱！我在孩子眼睛里看到了期待和喜欢。有一天去上课的路上，我还是像往常一样随口问道："宝贝，你最喜欢谁呀？"这个问题，我问过他好多次，他的答案每次都不一样，想到谁就是谁，看到谁就是谁，大概那时，他并不理解什么叫喜欢。但那天，他口齿不清地说道："喜欢李老师，不喜欢孙老师。"当时的我又惊又喜！这是他真正意义上喜欢一个人。

李老师对"小蜗牛"也是真的喜欢，我们常说，真的喜欢一个人是藏不住的。作为孩子的妈妈，我能看出身边所有人对孩子的态度，有疑惑、有不忍也有担心，但是在李老师身上，更多的是喜欢和关心。相比较她"教"了孩子什么，每一次她发自内心的对孩子热烈的鼓舞和赞赏，才是我们这样的孩子需要的吧。

"爱"永远是教育者不可或缺的品质，只要我们是真心爱孩子、关心孩子，每个孩子、每位家长都能够感受到，他们也会回报以相同的爱和尊重。

尾声——前路依然坎坷，我们共同进步

　　人像树木一样，要使他们尽量长上去，不能勉强都长得一样高，应当是：立脚点上求平等，于出头处谋自由。

——陶行知

语训老师的耐心、孙老师的力量、袁老师的威严、李老师的关爱，帮助

"小蜗牛"一步步走到了今天。现在的小蜗牛与普通孩子仍有差距,但是和他自己比,已经有质的飞跃。从这几位老师身上,我看到了在常规教育中看不到的耐心和大爱。作为孩子的母亲,我内心充满了感激。作为一名教育者,我又心怀敬佩与羞愧。

在生"小蜗牛"前,我也遇到过几名特殊学生,当时的我并没有拿出100％的爱心与耐心去对待他们。也没有像这几位老师一样,用热情的鼓励促进孩子自身的上进心。在与家长的沟通和交流上也没有设身处地为其多想想,想来实在惭愧。"小蜗牛"的到来给了全家一个挑战,也让我再次从母亲加教育者两方面同时出发,去思考如何让后进生甚至是边缘学生也能够得到温暖的教育。就像陶行知先生说的:"人像树木一样,要使他们尽量长上去,不能勉强都长得一样高,应当是:立脚点上求平等,于出头处谋自由。"特殊的孩子也需要老师的爱,特殊学生的家长更需要我们的鼓励和帮助。

9月份开学后,"小蜗牛"就要上一年级。幸运的是,我可以在校内更加关注他,帮助他更好地适应小学生活。但对于这样一个特殊的孩子,我的帮助不一定有很大的效果。我和"小蜗牛"的学习之路坎坷、漫长且未知。耐心、原则和爱将一路陪同。

19. 读一封温暖的信，让儿童的学习自然发生

上海市浦东新区冰厂田幼儿园　马　飞

每一封信里，都有一个温暖的世界。书信是传递信息的桥梁，是交流感情的媒介。教师以书信的方式与儿童沟通，是一种温情的教学方式。户外游戏中，我观察儿童的行为、识别儿童的学习方式，在适当的时机通过材料提供、环境创设、有效回应等方式支持他们进一步的学习。之后把观察、识别、回应的内容整理成一封封书信作为游戏的尾奏曲。

儿童无法自主阅读书信怎么办？"为你读信"是一种好方法！游戏后的某个时间，我们促膝而坐，共同读信。读信如何实现教学呢？从叙述方式来说，第二人称拉近我和儿童的距离，让我们如朋友般畅聊游戏故事；从内容来说，游戏中儿童的学习过程、学习方式和教师的支持策略跃然信中。读一封温暖的书信，在欣赏接纳的氛围中帮助儿童回顾学习过程，以多元的方式表达学习内容，梳理学习方法，发现学习的力量。下面不妨追随我和孩子们的信，体悟温暖的教学如何自然生发吧！

一、温暖之源：读给孩子们的信

2022年2月21日—3月4日是《水管引水记》的连载期，我将四个故事写成简短而又温暖的信。四封信各自独立却又环环相扣，我和孩子们的互动也如此。如雅斯贝尔斯所言，一棵树摇动另一棵树，一朵云推动另一朵云，我们就是树和云，共同成长和发展。

2022年2月21日　晴　周一

浇水太慢了,怎么办

菜园种植之后,你们每天细心照料,浇水、除草、施肥……春暖花开,菜园需要更多的水。值日生拿着洒水壶往返于菜地和水龙头之间。忱忱说这样太累。俊哲说没空做其他事情,你们对重复的浇水工作表现出乏味。一一说:"我看见保安伯伯有很长的水管,他可以帮我们解决问题。"我点头表示同意。你们三个欢呼雀跃去找保安伯伯来帮忙,一次就解决了问题。

但有一天你们失望而归,原来长水管作他用了。我问,要不要尝试自己做? 可是,用什么材料呢? 俊哲说沙池里有一些管道,你们很快又自我否定,因为沙池也要用。森森说,要不要把教室里的管道玩具拿出来? 一一反对说太短。忱忱说保安伯伯那里有很多管子,他们用管子给我们做运动器械。我知道,你们说的是幼儿园里的万能材料PVC管。PVC管就位之后,你们发现没有连接口。忱忱说见过外公有连接口,回家咨询之后你告诉大家这叫二通、三通。读到这里,我想跟你们聊一聊:

孩子们,你们学习了什么? 如果问哪一点最打动我,我觉得是自主精神。什么是自主精神呢? 举个例子,你们发现了浇水的不方便之后就自己去寻求帮助,你们主动选择材料。菜园里自主的事情还有很多:丰富材料仓库,用投票的方式决定菜园的名字等。

俊哲、森森、一一,你们很会思考,遇到问题会寻找各种材料来实验;忱忱你会把生活中观察的知识运用到研究中,还会跟朋友们分享。有了这些本领,你们一定会完成灌溉工程大计的!

我可以为你们做什么? 第一,大胆尝试吧! 我也会在材料仓库提供更多的材料。第二,我可以做你们的智囊团成员。我们共同上网搜索,采购连接口和更容易看清楚水流的长短不一的水管,为水管引水工程做准备!

思考:儿童的学习在与周围环境的交互中发生,我对环境营造、材料提供、探究氛围中的支持行为是否会成功激发儿童的兴趣？会引发怎样的主动学习？

2022年2月23日　晴　周三

小旁观者，你在学习吗

亲爱的嘟嘟，这封信是写给你一个人的。水管引水工程吸引了很多同伴的加入。游戏一开始，朋友们就热火朝天忙开了，但是你不一样。连续两天，你站在大家的旁边看，有时候只是静静地观察，有时候会自言自语发表一些看法，你在说什么呢？还有时候你会在朋友们缺少材料的时候帮忙传递一下，但很快就回归原位，偶尔换一个更清晰的位置观察。这两天你也没玩其他游戏！

亲爱的嘟嘟，你在学习吗？当然！你一直在专注地观察，对工程表现出浓厚的兴趣；你在自言自语，是不是有很多想法？在同伴需要帮助的时候，你会取材料，你有你的责任和坚持，这些都是学习。让我猜猜看，你为什么没有参与呢？是没有准备好还是因为害羞呢？

我可以为你做什么？我想前两天的等待是我们共同的准备。能告诉我你内心的想法吗？看，你最好的朋友俊哲来了，我尝试请他邀请你加入。有了好朋友的陪伴，一定要大胆研究哦！

思考：幼儿园里常见的旁观片段是孩子主动选择的一种参与状态。在写信中我一直在反思，"旁观"蕴含怎样的学习体验？我对嘟嘟的支持和介入对他来说意味着什么？

2022年2月24日　晴　周四

水管不出水，怎么办

材料就位之后，引水工程开始啦！睿睿、一一、乐乐、忱忱、慧慧，你们是真正的工程师。今天我看到了你们的计划书,开工之后一一负责给大家取水管,慧慧是总指挥,乐乐和睿睿是实干家,你们履行各自职责。20分钟之后,部分引水工程完工了。慧慧拧开水龙头,但水管没有像预期一样成功引水。什么原因呢?忱忱说是不是水龙头开得不够大?这个猜测验证失败。俊哲,你发现菜地太高,所以水"不能爬坡"。听了俊哲的话,睿睿马上抬起菜地外面的水管,一一也加入其中,水成功流入菜地。观察片刻,慧慧说我们总不能一直托着水管吧?你的话引起了朋友们的思考,忱忱说把水管垫高吧!你们找了小树枝、石头、沙池里的积木……"树枝太细了撑不住""石头不够大""积木宽宽的""一块是不够的,要每隔一段距离就要放一块才行",最后积木支撑起水管让引水成功。

孩子们,你们学习了什么?你们多么像科学家啊!筛选材料、感受高度、体验距离。更让我欣赏的是,你们互相商量,从朋友的意见里学习;各司其职,坚持实验不放弃!

我可以为你们做什么?我建议你们用常用的思维导图把发现记录下来,并且挂在菜园里让大家都看得到。集体分享的时候,大胆地跟大家介绍你们的发现吧。

思考:孩子们在真实的问题情境中通过实验获得材料、高度、距离的知识经验。是什么支持他们积极地解决问题,读信以后孩子们还会从中获得什么经验并加以内化运用呢?

2022年2月27日　晴　周一

三通换二通,我们成功啦

云云、嘟嘟、贝贝、忱忱、俊哲、慧慧,你们今天要把灌溉工程延伸到最爱的草莓地,这是灌溉工程的最后一段。你们驾轻就熟,按照分工搭水管。大概十分钟后,我听到云云说,二通没有啦!贝贝跑来问我教室里还有吗?我告诉你们,所有的材料都在仓库。你们一筹莫展,我说能不能想点办法?有没有别的材料可以替代?慧慧又一次发挥了领导者的魅力,你说我们来试试吧,坚持总比放弃好!嘟嘟拿着三通在拼接,不断变换三通的方向,一会儿上一会儿下,俊哲呼朋引伴让大家看到了你的发现,原来你用一截三通接头代替二通,只不过三通的一个口朝上。水龙头打开,草莓顺利地喝到了水,你们欢呼雀跃。但问题又来了,水开始从朝上的口流出来。贝贝说这种方法不管用,忱忱说还是可以改进的。看到你们的争执,我问为什么水会流出来呢?睿睿说,因为水太大了。俊哲说,水管太矮了。我继续追问,怎么把水管变高?忱忱把目光转向材料筐,拿了一小截水管把向上的口加高,成功啦!你们自豪地向路过的老师介绍你们的成果。

孩子们,你们学习了什么?嘟嘟,加入工程之后你一直专注又爱思考,不会轻易被打扰;慧慧,你愿意分享,给大家信心和力量,并且会用清晰的语言表达想法;忱忱,你会从过去的经验中总结方法;贝贝和云云,你们第一次参与就很快融入,贡献出了自己的力量。在为集体贡献的同时,你们在材料有限的条件下学会了替代!还通过观察数量的多少、水管的高矮来让工程更加完美!

我可以为你们做什么?有没有材料可以替代?水为什么会流出来?怎么把水管变高?这些问题引起了你们的思考,并且帮助你们解决了问题。工程完美结束,你们可以以自己的方式在我们的成长故事墙上记录讲述学习故事。照片、绘画还有录音器、点读笔都是好工具!我也想为你们在菜园办一个展览,让你们把自己的奇思妙想展现给大家,说不定其他伙伴也会开始自己的研究呢!

思考:这封信是引水故事的高潮。工程结束后的成长故事和展览是学习历程的结束,也是下一段学习的开始,它们会对故事的主人公和其身边的同伴进一步的学习产生怎样的影响呢?

读信之后,孩子们给了我答案。

二、温暖之果:自然生发的学习

听了《水管引水记》的书信之后,孩子们如获至宝,与同伴和老师、家长反复分享讨论。透过书信这一"温暖之源",我们看到了多种形式的自然生发的学习。

(一)高兴趣的主动学习

读信是一个有仪式感的活动。我们促膝而坐,共同回顾真实的课程经历。教师会发现幼儿对"自我"的珍视,同时教师对学习方式和学习品质的识别让幼儿发现自己学习的力量,激发自我效能感,从而萌发高兴趣的主动学习。

幼儿对水管引水工程的热情和主动是珍视"自我"的最好体现。在聆听了《浇水太慢了,怎么办》的信之后,自动浇水工程成了班级最热门的话题。孩子们信心大增,每天期待材料送到工程快点开始。孩子们还主动丰富材料仓库,从家里拿来不同的工具准备为游戏出力,比如忱忱经常跟我分享外公的百宝箱,扳手、螺丝、连接口一个不少。小旁观者嘟嘟,在读信中就流露出"被看见"的欣喜,回家自豪地把老师为他写信读信的事情告诉妈妈,在我的鼓励和同伴的带动下,嘟嘟将旁观的兴趣化为行动持续探究至工程结束。温暖的读信氛围是对教师"权威"的打破,对儿童来说是一种无声的邀请,欣赏和接纳是激发儿童学习兴趣最直接的方式。

(二)深体验的经历回顾

也许您会问,游戏中的即时回应、游戏后的照片视频对儿童来说不是更直观、更有效吗?书信的独特之处在于每一封信都是一个完整的故事,有开头、有高潮也有结尾。有儿童与周围的人事物的互动过程,是一个完整的事件链。

教师完整地讲述,幼儿在倾听中复盘学习过程,梳理学习方法,还会对自己的学习进行评价,用自己的表征方式将其呈现出来。比如听完《水管不出水,怎么办》的故事后,慧慧跟朋友们介绍自己的心得:因为积木比较宽,所以它能够把水管架起来;俊哲说,我觉得做实验是一种很好的方法,我跟嘟嘟合作,也可以跟他学到本领。嘟嘟说,同一种材料可以有不同的用法。三通变二通的游戏之前,忧忧完整地将上一次水管不出水的探究过程讲给所有的孩子听;俊哲、慧慧还可以用绘画、符号、录音等方式将自己的经历呈现在班级的成长故事墙上。读信可以清晰地为孩子们梳理课程经历,而且层层递进的讲述方式引导幼儿反思自己的学习过程,发展元认知能力。

(三)广联结的持续学习

每一封信里都有"发生了什么""学习了什么""我可以为你们做什么"三个内容。这些内容涵盖教师的三种支持方式:第一,梳理思路,详细、清晰地记录学习中人事物的互动;第二,提问追问,适时提问引导儿童建立联系、解决问题;第三,提炼方法,从儿童行为中识别学习方式和学习品质,为儿童的进一步学习提供策略支持。通过读信帮助儿童建立事物之间的联结,获得持续学习的方法。

《水管不出水,怎么办》的读信活动之后,忧忧和小伙伴把思维导图迁移到大棚维修工程中,全班幼儿在教师的帮助下丰富气泡图、双气泡图、流程图等多种思维导图的运用经验;俊哲和嘟嘟把做实验的方式用到了下一次探究;睿睿和一一可以顺利地组织好朋友制作计划书、分工合作、高效探究;云云运用经验迁移的方式解决问题,把野餐游戏的网格烧烤架用来固定草莓苗。在故事的结尾,孩子们策划了一场水管工程的展览,准备材料、制订计划、分工合作、清晰讲解,儿童的力量不容小觑。授之以鱼不如授之以渔,读一封温暖的信,传递有效的方法,为儿童持续和深度的学习提供动力。

三、温暖之思:另一种支持

(一)书信之溯源:学习故事的运用

追溯书信本源,始于学习故事。学习故事来自新西兰儿童学习评价体系,由怀卡托大学玛格丽特·卡尔教授研究发展而成。与其他评价方式不同,学习故事以叙事性的形式记录儿童学习过程中的"哇"时刻,以发现儿童持续学习和发展的空间。[①]

让我们究其内涵:一是评价视角。在对儿童进行观察、记录和评价时,学习故事从"找不足,找差距"转变为"发现优点、发现能做的和感兴趣的"。二是评价主体。学习故事是教师与幼儿的双重建构,教师用叙事的方式记录儿童的行为,支持儿童的学习。儿童通过与环境、同伴互动及教师的支持获得经验,创造学习故事。[②] 三是评价程序。教师以注意、识别、回应三部曲记录儿童的学习过程,识别学习方式和学习品质,提出具体的、可操作的脚手架以促进儿童的持续性学习和发展。

基于学习故事的内涵,以师幼双重建构为原则,运用第二人称,调整"注意、识别、回应"为"发生了什么、学习了什么、我可以为你们做什么",将学习

[①] 玛格丽特·卡尔.另一种评价:学习故事[M].周欣,译.北京:教育科学出版社,2016.
[②] 吴昀.幼儿"学习故事"的双重建构[J].早期教育:教育教学,2017(11):2.

故事以书信的方式传递给儿童。

(二)尺牍之力量:学习方式的建构

回归书信内容,探寻内在价值。写信,记录儿童的学习内容,分析儿童的学习方式,陈述教师的支持策略;读信,传递欣赏和接纳,回顾学习历程,梳理学习方法。反思书信对儿童学习的价值在于:首先,支持儿童非智力因素的发展。教师不仅关注知识技能的获得,更关注儿童非智力因素的发展,包括情感态度(愉悦的情绪、积极的表达)、学习品质(兴趣、主动、专注、坚持、创造)、社会性品质(分工、合作)。四个故事中被关注的积极情绪、同伴之间的协商合作和生活经验的迁移内化等发展的是儿童的综合品质,拥有这些品质的儿童,会有更多发展的空间和可能性,是伴随儿童一生的学习力量。其次,支持儿童的连续深度学习。学习是一种连续性的经验和过程。书信里的学习故事将儿童学习过程中的不同事件连起来,形成完整的学习事件链,从中可以发现儿童学习经验的变化。[①] 以读信的方式向儿童呈现水管引水的学习事件链,前一次的书信有助于儿童发现自己和同伴的经验,将教师的支持策略内化并运用于下一次的探究,比如幼儿将"三通变二通"的材料运用经验迁移到菜园的草莓托制作中,以上皆是新的儿童学习方式的建构。

四、教学之辨:尺牍力量的背后

(一)教学范式的转变:从以教定学到以学定教

教师中心的教学范式是在既定的目标下,向儿童传授特定的学习内容。户外游戏中,我们以儿童为中心,提供积极参与并能诱发学习兴趣与体验的

[①] 郭琦,张娜.促进儿童连续性学习的策略研究——基于新西兰"学习故事"的视角[J].河南教育:幼教,2020(1):4.

"学习场"。儿童在真实的情境中发现问题(比如二通材料的短缺)、解决问题(材料替代和经验迁移的方式),获得知识技能和情感、品质的发展。教师记录学习过程、学习方式和支持策略,并以读信的方式与儿童交流沟通,修正主观评价。这不是自上而下教师主导的学习,而是自下而上儿童与周围的人事物互动的学习。教师不再是教育的独白者,而是儿童学习的同行者。教学范式从以教定学转变为以学定教,是儿童主体的体现。

(二)评价方式的转变:从关注结果性评价到关注学习过程的有效反馈

学习故事受到社会文化理论的影响,注重儿童与周围环境中人事物的互动。因此,我们更应关注儿童的学习过程而非指标式的结果性评价,对儿童的评价不应以简单的水平高低来判定。书信教学着眼于儿童的整体发展,关注其情感态度、学习品质等综合素质;关注个体差异和已有经验,进行形成性和发展性的评价,从而及时地因材施教,有效反馈,提供适宜的支持以利于儿童的长远发展。

金伯利·克里斯普说,"我相信对早期教育工作者来说,善良远比其他素质都重要。孩子们也许会忘记他们做了什么,但是他们从来不会忘记他们是如何被对待的。"愿每一封书信温暖儿童的内心,树立儿童的信心,让儿童的学习有深度、有广度、有温度。

20. 了解、理解，成就"不一样"的他
——对"高需求"幼儿情绪教育的尝试与探索

上海市浦东新区下沙幼儿园　王旭晶

幼儿阶段是人的社会化与情绪发展的加速阶段，在这个阶段，幼儿开始由家庭步入幼儿园这样的社会群体中，面临着怎样与人交往，怎样与人合作，怎样取得帮助及予人帮助等问题。因此对幼儿健全人格的培养显得尤为重要。

在我步入学前教育岗位的第一年，遇到了这位略显特殊的"高需求"幼儿——迪迪，长得眉清目秀但经常会发脾气，使劲用巴掌拍打自己的脸蛋。在和他相处的生活中，我有过无奈，有过彷徨，有过担心，但更多的是在这些负面情绪中不断探索，尝试寻求帮助其掌握情绪调节的方法。

一、了解"不一样"的他：寻找"坏脾气"背后的根源

迪迪喜欢成为万众瞩目的"那束光"，他享受被捧在手心的感觉，但在一日生活中，难免会遇到其他幼儿不理解他的时候，此时的迪迪便会陷入自我怀疑中，靠大声哭喊、打自己脸的方式来引起大家的注意。

案例1：

讲到绘本故事《月亮船》时，迪迪全程都很认真，且积极和老师互动。当听到"蒲公英说：我的家有最大的海洋、最高的山峰、最大的广场、最长的城墙。蒲公英在月亮云朵的帮忙下，经过了最大的海洋太平洋、最高的山峰珠

穆朗玛峰、最大的广场天安门、最长的城墙长城。蒲公英高兴地说,'我的家在这里,这里就是我的家'。"此时,其他小朋友都在为蒲公英找到自己的家高兴时,迪迪表情凝重,陷入了沉思。

"迪迪,怎么啦?有什么问题吗?"

"我有个疑问,我好像记得太平洋、珠穆朗玛峰不是我们中国的呀?"迪迪支支吾吾说道。

小朋友们发出了阵阵大笑,迪迪马上耷拉下头,满脸不自信。我立刻用夸张的语气表扬迪迪好学多问,夸他知道的知识真多,同时让他再仔细听一遍故事,回去和爸爸妈妈一起再找找资料,查一查太平洋、珠穆朗玛峰到底属于哪里。小朋友们看到我的态度,马上向迪迪投去佩服的眼神。但我知道,刚才的哄堂大笑,一定在迪迪心中起了个小疙瘩。

果然,在接下来的角色游戏中,迪迪还沉浸在这个问题中,动作有些慢,他这几天中意的画廊游戏已经人满为患,只见他边用巴掌拍打自己的脸蛋,边大声哭喊着:"我要去死,你们让我去死吧。"这时,旁边又有一大圈孩子争先恐后地告诉我,"老师,他经常这样的。""老师,迪迪经常哭着要去死。""老师,你不要理他,他过会儿就会好的。"孩子们你一言我一句争着讲述迪迪的不是,而他越打越凶,哭声也越来越大。我看到他不断用眼神瞄我,我想此时的迪迪心中可能需要一个台阶,我大声对孩子们说:"迪迪是个聪明的孩子,他在考虑太平洋、珠穆朗玛峰是不是我们中国的呢。他马上要去图书馆查资料了呢。"听我这么说,孩子们的指责声渐渐消失了,渐渐散开进入角色游戏了,迪迪的哭声也小了……

当天饭后散步时,我和迪迪进行了单独沟通,希望他用自己的聪明才智赢得小朋友的喜欢,但我发现迪迪时不时转移话题,不想再谈今天发生的事情。晚上与迪迪妈妈沟通时,才得知迪迪的奶奶是自杀身亡的,虽然我认为就算是遗传因素也不应在这小小年纪时就显现;但正是由于遗传因素的影响,每个孩子的天性各不相同,我们应该了解、接纳每个孩子的独特天性,并根据每个孩子的特点因材施教。与迪迪妈妈深入交流后,我得知迪迪在家也经常这样,没有满足他要求时就会边哭边打自己,家里的长辈也会无条件服从他,每次他都能赢得大人的让步……

作为陪伴孩子成长的老师和家长,我们尊重孩子的天性,但也要看到孩子情绪背后的无助。通过探究孩子爆发坏情绪背后的根源发现,一般是由于某种愿望或是情绪没有得到满足而导致的。当孩子未掌握处理坏情绪的方法时,只能通过哭泣、打人甚至自虐等方式来宣泄。面对孩子的"坏脾气",如果只是通过"无条件满足"强行制止,类似的问题还会冒出来甚至愈演愈烈;如果用比孩子更激烈的情绪来制止,也许就会在孩子心理上造成不可磨灭的伤痛。不科学的方法或许在一定情况下、一段时间内是有效的,但长期如此,孩子的情绪会更容易被触发,甚至影响孩子的身心健康发展和良好人格的养成。虽然尊重孩子是培养其自主性、对其进行心理健康教育的基本原则,然而"尊重"并不等于放任自流、听之任之。

此时,我们更需要跳出事件本身,看到引发孩子坏情绪事件背后藏着孩子缺失的那部分情感:忽视、不被认可、焦虑……从而理性思考,根据孩子的需求找到对策,给予出口,让情绪流动起来。

二、理解"不一样"的他:探索"高需求"幼儿情绪调节的方法

迪迪的"高需求"与从小的家庭环境有着不可分割的关系,了解迪迪坏脾气背后的根源后,面对迪迪时不时的"坏脾气",我尝试理解他、包容他,并用同理心去探索使其能自我情绪调节的沟通方法及技巧。

案例2:

为了让幼儿感受集体的重要,培养幼儿爱集体的情感,我们举办了幼儿

律动操节评比,大致环节是幼儿跟随音乐有序入场、运动员代表发言、全体幼儿宣誓、操节展示。在操节展示环节,突然看到迪迪小朋友跑出了队伍,跑向操场后面,离开了我们的视线。我刚想去看看迪迪怎么了?一旁的老师马上告诉我:不用管他,他经常这样"发神经"的。迪迪在我的认知中是一个特别聪明的孩子,是老师眼中的"学科带头人",在公开活动中总能见到他的身影。今天突然离开队伍到底是怎么回事呢?是否是某些因素触碰到了他幼小的心灵?带着这些疑问,我在操场的角落找到了迪迪。只见他边打自己的脸蛋边哭着说:"热死了,热死了,你们让我去死吧。"他不断重复着这句话。

同样被高温热得满头大汗的我,突然理解了迪迪为什么会离开队伍跑到操场的角落。在骄阳下,站在边上的老师都满头大汗,在烈日下认真做操的孩子是有多热呀。迪迪看到我向他走去,哭声也渐渐轻下来了,但他的眼神中有些许恐慌,可能他以为我要批评他。但我只是摸摸他的头,轻轻说道:"是呀,今天是很热,但你要把你的想法说出来哦。随便跑出队伍,跑到我们看不到你的地方,是有一定危险的。来,我陪你在树荫下等朋友们一起回教室吧。"

作为老师,我们要了解和分析孩子的心理,究竟是什么原因导致孩子经常会说这样的话,从孩子的实际需求触发,遵从孩子的心理,采取适合他们的方式进行介入,从而拉近与他们之间的距离。当天午睡前,迪迪也嬉皮笑脸地对我说道:"今天的气温大概很高吧,我都怀疑创纪录了呢。"面对孩子的负面情绪或是不稳定情绪时,我们首先要保持冷静,稳定孩子的情绪。弄明白孩子心中"小魔怪"发作的原因,这样才能"对症下药"。等孩子情绪平复后,抱抱他们且引导他们倾诉,将心中的烦恼释放。面对哭闹的孩子,我们既要有爱又要有严厉的一面,当孩子平静地提出合理的要求时,我们也需要尽量满足他们的愿望;当孩子提出不合理的要求时,我们更要耐心引导,不能向孩子的哭闹"低头"。

实施"尊重平等教育"是培养幼儿良好个性的关键。在教育史上,卢梭等人都曾提出过要尊重学生的思想。保持和发扬我国文化传统优势的基础上,汲取西方教育家的思想,通过营造一个平等的教育环境,培养孩子的自我控制力。在与迪迪相处的日子中,我渐渐感受到面对"高需求"幼儿,我们要试着用同理心去理解他们,这样更能遏制其消极方面,使孩子生活得更快乐,使其生命更有价值。

三、成就"不一样"的他:合理疏导助其情绪能力逐步发展

有人说孩子就是一本书,要想教育好孩子首先就要读懂这本书。作为老师应该认识到孩子们的自我保护意识强烈,有些甚至到了过于敏感的程度。在学校,他们会用警惕的目光注视着老师和同学对自己的态度,只要稍稍挫伤了他们的自尊心,他们就会变得自我封闭。要纠正他们的这种不良行为,一定要注意方式方法。但往往这一类幼儿有着强烈的自尊心,这一点也在众多方面得以表现:如学习习惯、思维拓展、知识面等。面对这一类"不一样"的幼儿,教师的某些举动会使其解锁新的高度。

案例3:

有一天放学时间快到了,孩子们和往常一样,有序整理自己的物品,那天正巧还发了他们的美术作品。正想着让孩子们排队准备下楼时,突然传来了源源的哭泣声。看到我疑问的目光,迪迪马上告诉我:"我的作品把我的视线遮住了,我没有看到源源。"而源源告诉我:"迪迪用手打我。"迪迪对源源说了一句对不起后,又说道那我也打自己吧。我及时制止了迪迪的行为,并告诉他:"等放学后,我有一些小秘密要跟你分享。"生活老师就带着迪迪进入幼儿园门口的大厅休息区。等我把其他孩子送走后,发现迪迪小朋

友也跟着爷爷回家了。

第二天早上,迪迪看到我后满脸不好意思,但他装着若无其事的样子在美工区开始他喜欢的剪贴活动。

"昨天晚上我一直在担心,担心迪迪回家了心情怎么样呢。"我悄悄地和他说。

迪迪低着头,轻声告诉我:"对不起,我再也不打自己了,昨天我真的是不小心的。"

"我相信你不会欺负小朋友,我也希望你有事可以好好表达自己而不是惩罚自己。如果小朋友冤枉你了,你也可以好好和同伴解释。只要你不是故意的,相信其他朋友们也会原谅你的。"

迪迪默默低下了头,继续他喜欢的剪贴活动。

案例4:

当谈到司马光砸缸这个寓言故事时,迪迪小朋友说道:"其实除了砸缸还有一个方法,就是在缸里放盐,这个孩子就能浮起来了。"

"哈哈哈哈哈哈,在缸里放盐。"孩子们笑得很大声。

迪迪一本正经地说:"是呀,盐可以让孩子浮起来的,但这个办法好像也不行,大缸里放盐,让孩子浮起来,这要放到猴年马月呢?"

"哈哈哈哈哈哈,猴年马月。"同伴们又是一阵大笑。

"是呀,猴年马月就是要很长很长时间,那这个小朋友就会有危险了。"

迪迪面对孩子们的笑声,没有像以前那样边哭边打自己了,而是将自己所拥有的知识慢慢地给孩子们讲述。渐渐地,我发现他逐渐具备健全人格应具备的因素,如社交能力强:有能力能化解因人际关系紧张而出现的种种矛盾;情绪稳定:一事当前,面对现实,努力使自己平静下来,不因高兴而得意忘形,不因气愤而暴跳如雷,不因悲伤而悲痛欲绝。

孩子的成长会经历多个敏感期。在敏感期中,孩子有非常强烈的自我意识,表现出对一些事情特别"犟"。面对这样的情况,通常都会认为是孩子在故意跟自己作对,但这只是孩子自我意识的表现和对他人意识的排斥。如果总是想方设法让孩子屈服,那他们的反抗意识可能会更加强烈。当然,对于孩子的固执我们也要巧妙引导、灵活处置。孩子能敏锐地从父母的妥协中察觉到"软肋",当我们拒绝孩子的时候,态度要温和而坚定,待孩子冷静后,可以通过绘本、游戏等方式慢慢引导孩子,重新唤起他的信心。

一项中西方幼儿成长环境的比较研究报告显示,中国的多数教师对幼儿强调纪律性,师生之间是"管"与"被管"的关系;而西方则更重视师生之间的平等、尊重、宽松和自由。3—6岁的学龄前儿童是一群充满好奇、喜欢探索的幼儿,心理学家埃里克森把这一时期描绘为"活跃发展"时期。他认为,儿童早期发展的消极后果是形成了过于严格的超我,它使儿童产生了过多的内疚感,因为他们受到了成人过分的威胁、批评和惩罚。这时,儿童丰富多彩的游戏和大胆掌握新技能的尝试减少了,他们的自信受到了很大的损害,只能小心翼翼、充满恐惧地去探索世界。因此,我们面对幼儿的"情绪"时,无论好坏,都应先了解其背后的根源,理解其产生情绪的缘由,用同理心去感化他。

在与迪迪的共同成长中,我渐渐明白情绪没有好坏之分,而情绪引发的行为和后果有好有坏。情绪管理并非消灭和压制情绪,而是应该疏导与调整。美国心理学家艾吉兰教授指出:"在心理上受过伤害的儿童,在其成长中所遭受的思想和心理阻滞,甚至比肉体上受过伤害的儿童要大。因为心理上的伤害是对孩子自尊心的破坏。"面对"高需求"幼儿的负面情绪,"疏"的作用强于"堵"。从了解他背后负面情绪的根源,到理解他、包容他,用同理心去感受他,再到成就他美好的另一面。当然,幼儿情绪发展不是一个循序渐进式的发展过程,这一发展过程会是时进时退,面对幼儿情绪反复的变化时,我们要将其每一次遇到的情绪问题都当作一次教育的契机,以更好地促进幼儿情绪能力的发展。看着迪迪从刚开始无法接受一丝负面因素的影响，无法接受同伴对他的质疑，到渐渐能控制自己的情绪，我相信在未来他一定能迈出更加稳健的步子。

路漫漫其修远兮，教育孩子是一项长期而艰巨的责任，我们不能仅停留在孩子的学习能力上，更要关注孩子的心理发展，发现问题及时教育、疏导，对待孩子，家长和教师都应该以爱心为重，在感情上安抚孩子，了解孩子的真正需求，再采取科学的教育方式，助力孩子快乐成长。

21. 温暖"云"守护，孕育"暖"儿童

上海市浦东新区御青幼儿园　张盛燕

2022年3月，一场突如其来的新冠疫情给整个上海带来了巨大的冲击。面对汹涌而来的疫情，孩子从社会上和成人谈论的话题中，难免会接收到一些负面情绪，加上中班孩子尚未形成完善的认知体系，是非观念模糊，容易受到社会舆论和周围环境的影响，可能会出现担忧，甚至害怕的情绪，以至于出现不愿与人交流等行为。但是与此同时，在孩子的身边也涌现了很多大白（医生、护士及做核酸人员等），他们义无反顾、迎难而上，为了守护我们的健康与安全，默默地奉献着自己，他们的出现也给孩子带来了温暖、安心与希望。

在孩子因疫情负面信息影响情绪、行为，但面对大白感到温暖、安心的情况下，作为一名教师，在积极响应国家抗疫号召的同时，对不实的抗疫信息要有思想上的警觉，更要利用自己的专业，帮助幼儿正确看待疫情，树立正确的是非观。还应主动思考疫情背后的教育意义，在"云端"教育中注入像大白一样让孩子感到温暖的力量，站在促进幼儿身心全面发展的视角，守护幼儿的成长，使其乐观面对生活，亲近社会。

一、温暖诞生："疫"下的"云"上守护

因为停课居家的关系，我将工作重心从线下转向线上，从"与幼儿共同生活"转向"与幼儿共同面对生活"。让幼儿、家长、教师三位一体，即使在不同的空间，也能共同面对疫情带来的生活考验，利用幼儿园共同生活所建立

的亲密力量,一起面对和克服幼儿居家后生理、心理等方面带来的难题。

同时,为落实上级部门关于停学的要求,幼儿园也提出希望教师根据疫情和孩子实际情况设计适宜"云"上开展的守护活动。在思考开展什么样的"云"上守护活动、如何开展时,我有些茫然,但我想幼儿既然是活动的主体,那么活动的设计一定是从幼儿的实际出发,从当前的形势出发,从幼儿和社会的需求出发。在与幼儿的沟通中,我发现他们谈论最多的是大白,其中有从新闻中获取的信息,也有从大人那里听到的抗"疫"故事。这些都证明幼儿对于大白的关注度,可这些信息都是零散的,有的甚至有些偏颇,可能会造成幼儿对疫情认识的误解,引起负面情绪。为确保幼儿在情感的确认中能形成良好的正面判断,确立"了不起的大白"为教学活动的主题。让孩子通过大白身上传递出的温暖,驱散疫情所带来的负面情绪,重拾对未来的希望。

二、温暖孕育:大白带来的温暖

大白是疫情中温暖的化身,依靠教育的力量与智慧,将大白身上的温暖进行放大,让幼儿通过体验感知,学会爱的表达,孕育拥有大白一样温暖人生观的儿童,为此我开始尝试从幼儿出发,不断实践与调整反思。

(一)儿童在前,支持紧随

新冠疫情是冷酷无情的,怎样让疫情之下的"云"上教育活动变得温暖,是我一直在思考的。我想只有心里装着幼儿,站在幼儿的角度去思考,坚持"儿童在前"的理念,以幼儿的兴趣点展开活动,才能传递给幼儿一种被尊重的温暖。

活动一 你好,大白医生

识别——幼儿的兴趣点:你们做过核酸了吗?谁给你们做的?大白是谁?你们见过大白吗?

幼儿1:做过,大白给我做的,她是医生。

幼儿2:我天天见大白,因为我们每天做核酸。

幼儿3:我妈妈也是大白,可是她不能回家,我都好多天没有见她了。

活动前的思考:与孩子的交流中,发现孩子对于大白有着浓厚的兴趣。但对于做大白的父母因长时间不能回家陪伴自己,而有些不理解,分析不理解背后的原因可能是对大白工作重要性的不了解和对父母的依恋之情引起的。

支持策略1——提问激发思考:

(1)谁是大白?你在哪里见过大白?为什么叫他们大白?

(2)为什么她的妈妈要出门?她是谁?她要去哪里?

(3)她去干什么了?为什么要去?她就不怕病毒吗?

支持策略2——视频了解真相:跟孩子们一起观看大白医生工作、生活的视频,讨论为什么要去抗疫一线?帮助孩子消除对父母工作的不理解。

"你好,大白医生"的活动是基于孩子对于大白浓浓的兴趣而展开的。在对大白的认识中,作为大白家的孩子,流露出对父母大白工作的不理解,于是我通过组织孩子观看有关大白的视频,让他们知道在一线的父母在做什么,通过师幼间的讨论,了解父母工作的重要性,也让孩子感受到父母——大白身上的无私奉献和舍己为人的精神。从而让幼儿试着共情,以同理心试着理解父母——大白,并为拥有这样的大白父母而感到骄傲。

(二)结合主题,拓宽认知

对大白的称呼中,常常会听到"大白医生",这可能会造成中班幼儿对大白狭隘的理解,认为只有医生才是大白。中班下学期"周围的人"主题是围绕幼儿周围各种各样职业的人所开设的主题教学活动。能让幼儿更多地关注周围人的活动,体验到社会成员之间的相互关心和友好交往。也可以拓宽幼儿对于大白的认知,知道他们是由许许多多不同职业的人披上白衣铠甲组成的。

活动二 原来他们都是大白

识别——幼儿的问题:"他们是大白吗?是不是穿着大白服的就是大白?为什么小区里有这么多大白?"这些是孩子们在班级群中提出的问题。

活动前的思考:和大白的频繁交往中,孩子会发现原来他们的身边有许许多多的大白,但他们是谁?他们的工作与孩子之间的关系是什么?这是需要我在活动中去激发他们思考,帮助他们寻找答案的。

支持策略1——提问调动经验:

(1)除了医生,还有哪些人也是大白?

(2)为什么需要这么多大白呢?他们究竟在做什么?

支持策略2——表扬肯定孩子:表扬孩子的认真观察、分享中有自己的思考等,肯定幼儿敢于在线上大胆表达和交流等。

支持策略3——师幼共同制定:与幼儿共同制定调查表的内容,在生活中寻找大白的身影,进一步巩固和加深对大白工作的认识。

表1 寻找大白的身影

他们都是大白	他们是谁	他们在哪里	他们在做什么
	1. 老师 2. 营业员 3. 公司员工 ……	楼道里	1. 分发抗原 2. 分发物资 ……
	1. 医生 2. 老师 3. 警察 ……	1. 核酸检测处 2. 小区马路上	1. 做核酸检测 2. 引导有序排队 3. 拿话筒通知做核酸 4. 协助医生做核酸 ……
	1. 小区团长 2. 物业工作者 3. 小区保安 4. 社区工作者 ……	小区马路上	2. 分发物资 3. 分发抗原 4. 分发快递 5. 分发团购物 ……
	1. 公司员工 2. 电脑工程师 3. 消防员 ……	小区马路上	2. 引导有序排队 3. 扫核酸码 ……

支持策略4——讨论激发思考：为什么有这么多大白，他们是谁？

幼儿1：我们小区的保安是大白，我们楼被封了，都是他们帮我们送东西的。

幼儿2：隔壁叔叔是大白，我的爸爸也是大白，爸爸说每当政府送来一大卡车物资时，就需要好多好多大白一起去帮忙。

幼儿3：我的爸爸是大白警察，这段时间，爸爸说马路要封闭，不能让大家在路上行驶,以免病毒的扩散,上海那么大,就需要好多好多大白警察。

在"原来他们都是大白"的活动中,给了孩子对大白更为宽泛的理解。在引导孩子对大白的调查中,鼓励他们去问问大白是谁,发现大白是由不同职业的人所组成的,拓宽其对于大白的认知。同时,随着调查的展开,孩子们也发现原来我们的身边有这么多大白。可为什么需要这么多大白,他们究竟在做什么?通过共同商量制定调查表,进行有针对性的调查。让孩子知道疫情严峻,许许多多的防控工作岗位需要有人顶上,因此,各行各业的人牺牲自己的休息时间投入大白的行列,用自己的行动践行"国有难,召必应"的使命感。

(三)游戏体验,感知保护

游戏是一种根据幼儿自己的意愿、体力和能力进行的活动,可以自然地表达思想感情,还可以按自己的意愿发挥想象力,增强幼儿的自信心,同时可以借助游戏了解周围的事和人,是幼儿了解社会的重要途径。结合疫情,在游戏体验中教导幼儿如何进行防护,不仅是一种防疫宣传的需求,更是让幼儿感受到被保护的温暖。

活动三　今天,我是大白

识别——幼儿的想法:"大白每天拿着棉签一定挺好玩儿的吧。是呀,还每天要指挥我们排队,可神气了,我也想做大白。"这是孩子们在聊天中的一些话语。

活动前的思考:作为成人能理解大白的工作是辛苦的,可是幼儿独特的视角让他们觉得这是有趣、好玩儿的,或许是因为生活的经历让我们在看待问题上,想法会有所不同。用孩子最喜欢的角色游戏,把自己当成大白来增加其对大白工作的认识,或许能让幼儿对大白的工作有新的看法。

支持策略1——线下大白游戏：组织孩子们在家选择自己最感兴趣的大白工作进行体验，可以像幼儿园的角色游戏一样，选择家里已有的材料进行替代，完成大白的工作任务。

支持策略2——线上分享交流：

疫情让孩子和大白有了更多的亲密接触，在与孩子的讨论中，发现孩子对于大白的工作装备是最感兴趣的。于是我们的游戏就从扮演大白开始，鼓励孩子在没有大白工作装备的时候，可以运用家里现有的材料进行替代，发挥他们的想象力和表征能力。在组织孩子们寻找适合材料进行替代前，我们以讨论的形式，一起聊了聊大白的这些装备，以大白服为例，孩子们从观察大白服的外形到封闭程度再到材质，有孩子找来了家里的雨衣做替代，但是有孩子提出大白可是要全部包起来的，于是她找来了毯子把自己整个包在里面，这些都映射了孩子在观察大白服后表征行为和能力的变化，是孩子们在游戏中收获的珍贵经验。除此之外，孩子还发现大白的这些装备是不利于工作的，于是我就此引导孩子讨论，为什么穿大白服这么不舒服、不方便，他们还是要穿着工作呢？从而联系自身，知道疫情之下怎么使用一些防疫物品保护自己，让其感受到自己是被关怀的对象，从而感受到温暖。

表2 线上分享交流

活动前的讨论	提问： 1. 大白的工作装备有哪些？ 2. 如果没有这些装备，怎么办？大白的衣服是什么样的，为什么要全身都包裹住？ 3. 大白的工作任务可能是什么？
活动中的幼儿	

(续 表)

幼儿表征行为分析	防护面罩、口罩、手套、棉签都是实物为主，试管是仿真度较高的玩具替代物	用家里仿真度较高的健身器材代替脚踏车，手里拉着玩具小鹿作为物资的替代物	第一次使用雨衣，颜色样子上都较为相似；第二次用毯子包裹全身，以极为不相似，却能营造相同体感的替代物进行游戏
活动中幼儿的感受	戴上口罩和面罩也太闷了，有了手套做事也不方便，真是太难受了	穿上背心，骑上"自行车"，哇，脚也太酸了吧，这骑一天不得累死我	全身都被裹住的感觉真不舒服，都不能上厕所了，而且好热呀，都出汗了
教师的支持	提问： 1. 为什么这么难受还要戴上这些装备呢？可以不戴吗？为什么？ 2. 大白有这么多保护自己的装备，我们该怎么保护自己呢？			

(四) 生活教育，学会表达

陶行知先生的"生活即教育"理论中"在生活里找教育，为生活而教育"为我如何开展生活教育指明了方向，生活教育要挖掘幼儿生活中有价值的人和事来展开教育活动，而教育是为了让幼儿更好地适应和融入社会生活而进行的。在疫情肆虐的当下，孩子们在了解大白对我们疫情生活中的各种贡献后，感受到大白身上的温暖，有了表达感受和想法的意愿，这是孩子在生活中发现的温暖，也是在生活中逐步形成的对于温暖的感受，是值得被呵护与放大教育的。

活动四 大白，我想对你说

识别——幼儿的表达："我想对大白说谢谢你，你辛苦了！大白，要保护好自己哦！"这是孩子们在微信私聊中对于大白的一些表达。

活动前的思考：对于中班幼儿，用各种表达形式，大胆说出自己的想法,本来就是有一定挑战的,因此在开展表达活动前,需要帮助幼儿掌握一些表达的方式方法,为幼儿后续的表达做支撑。

支持策略1——绘本、视频线上共赏:和孩子们线上共读绘本,观看感恩表演视频,讨论:他们说了什么?怎么说的?哪些表达的方式吸引了你,为什么?

支持策略2——多样表达线上分享:考虑到孩子们的表达需求和个性特点,让幼儿以自己最擅长的方式进行线上"大白,我想对你说"的活动,使其更自信。

表3 多样表达线上分享

这首歌我要送给可爱的大白。你们辛苦了,一定要好好保护自己哦!	大白,我会积极配合做核酸,我相信我们一定会打败病毒!	大白爸爸,我为你自豪,等我长大也要和你一样,做个勇敢的大白
用唱歌的方式给大白送上祝福和温暖的关爱	用绘画的方式展现战胜疫情的决心	用说说心里话的方式表达对大白的崇敬之情

支持策略3——合成视频线上宣传:将孩子们"大白,我想对你说"的活动成果,剪辑成温暖的视频,分享在班级群、社区内、街镇内等地方,将孩子

们的温暖行为广为转发,起到正面宣传的作用。

支持策略 4——家长资源分享感受:请大白家长谈谈看到孩子的温暖视频后的感受,让孩子真实感受到大白能收到他们的美好祝福和贴心话,而且非常感动。

图 1 视频《花开疫散,大地回春》

从"大白,我想对你说"的活动识别幼儿的语言表达,发现中班幼儿词汇还比较匮乏,表达方式较为单一,因此借助绘本和多种表达形式的感恩视频,给幼儿以模仿的对象,拓宽幼儿表达表现的方式,增加表达的词句。但在过程中发现幼儿从起初的积极参与,到逐渐变得淡漠。于是我将幼儿所有的表达合成完整视频进行转发。还参与"同心抗疫,同行守'沪'"主题作品比赛,获得三等奖,同时将大白家长收到视频后的感受,也录制成视频传达给他们,让幼儿感受到自己的感恩行动是被认可的,大白也被深深打动了,从而激发他们不断表达的欲望。同时,也是帮助幼儿将自己身上的温暖回传到社会中。

三、温暖延续:孕育像大白一样温暖的儿童

疫情之下,身穿厚重防护服,汗水浸透全身,防护面具留下深深勒痕,但手中的工作却从未停歇的大白是这样的无私奉献、默默保护着我们,带给我们安心与温暖。

而我们能做些什么?带着这样的思考我们的"大白,我会这样做"倡议行动就此展开,通过以讨论促思考的方式与孩子交流"大白做了什么事情让你感到温暖?我们能做些什么,也像大白一样帮助到别人,让别人也觉得温

暖?"再以思考帮助幼儿进行经验迁移,如,在家的时候帮烧饭的奶奶剥蒜,给电脑前开会的妈妈倒杯水,给要看电视的爷爷拿老花眼镜,给爸爸捶捶背,大人忙着的时候自己玩。自己做自己力所能及的事情,如自己穿衣服,好好吃饭,叠被子,不给忙碌的大人添麻烦。给弟弟妹妹讲故事,和进方舱的小朋友打电话说说安慰的话。好好锻炼身体,长大了保卫祖国妈妈;好好学本领,长大了做医生和科学家消灭病毒……让孩子从内心深处理解并感受到如何做像大白一样温暖的孩子。

在这场"抗疫情战"中,作为教师不应只教给孩子如何与病毒作斗争,更应有温暖的情感教育和对生活的思考。捕捉孩子生活中温暖的人和事,挖掘其中的情感教育内容。用观察,发现幼儿的关注;用倾听,记录幼儿的感受;用对话,支持幼儿的表达;用行动,为幼儿营造温暖的教育环境。让幼儿感受被关注、被尊重、被守护的温暖,让"云端"的守护,孕育出像大白一样温暖的儿童。

22. 以温暖之心，促儿童成长

上海市浦东新区东方锦绣幼儿园　周志婷

众人皆把孩子比作祖国的花朵，将教师比作细心呵护花朵成长的辛勤园丁。作为一名"园丁"，教育是所有的"园丁"们温暖花朵的必经之路，如何走好这条必经之路，什么样的教育才能更好地培育这些祖国之花，是我一直在思考的事情。随着时间的锤炼，我对温暖的教育有了一些新的认识：只有自己心怀温暖，才能焐热自己的工具——教育，更好地促进儿童们的成长。而如何将这一认知在实践中得到验证，就要先从发生在我们班里的那些事儿开启。

午后乱象：令人烦恼的穿衣

一个冬日的午后，和往常一样午睡起床了，我正在给睡醒的孩子们穿衣服。忽然发现班级里好些孩子坐在床上一动不动，于是便询问："宝贝怎么了？怎么不穿衣服呀？是需要帮忙吗？"其中一个女孩嘟起嘴说："老师，我不会穿！"旁边一个男孩也跟着说："我找不到另一个袖子了。"一个女孩子接着问道："老师，我的衣服哪里是正面，哪里是反面呢？"

随着天气转凉，孩子们的衣服增多，以上的情景大家一定不陌生，尤其是带小班的老师。相信这无疑是让每一位幼儿园老师都头疼的事请。

面对这样的情形，我开始思考，是否所有的衣服孩子们都不会穿呢？是否所有的孩子都需要老师的帮助呢？于是，我拍拍手，提醒小朋友们看向我的方向，向孩子们提问道，"小朋友们你们会穿衣服、裤子和鞋子吗？"孩子们纷纷表达，"我只会穿鞋子，不知道怎么穿衣服。""我也只会穿鞋子。""衣服裤子我都会穿,但是有些带纽扣的我不会。""冬天衣服太多了,有些衣服很紧,我不会。"……听了他们的回答,我心里有了底,在接下来的几天时间,通过和孩子们的聊天、询问和午睡前和起床后的观察发现,大部分孩子在帮助下会穿衣服,穿鞋子基本难不倒他们,只是会穿反。通过孩子们的投票统计,我发现全班25名幼儿,其中12名幼儿会穿衣服,剩下的基本上都不太会。面对这样的数据,我这才意识到,孩子们日常生活中穿衣服的自理能力的培养刻不容缓。

有温度的观察,要求老师不止将观察局限于课堂,更要在生活场景中敏锐地捕捉到背后的问题。正如面对穿衣乱象这样棘手的局面时,不仅仅是停留在现象本身,而是更多地思考背后问题所在并及时着手解决。

穿衣行动:成长独立的一步

良好的生活习惯养成是幼儿时期尤为重要的,这不仅是帮助其培养生活自理能力,更加有助于孩子们的动手能力、责任意识和自信心的养成,对其今后的发展也会产生深远的影响。而且在《上海市幼儿园办园质量评价指南》中,也对3—6岁儿童生活习惯与能力提出了具体的要求。因此,我决定先了解孩子们不会穿衣服背后的原因。

首先从了解孩子和家长的想法开始,在和孩子们的聊天中,我有了一些收获。我问道:"平时在家你们是自己穿衣服吗?谁会帮你呢?"有的孩子回答道:"家里是外婆帮我穿的。"另外一个说:"大人嫌我穿衣服太慢了,天冷了会感冒的。"我点点头说:"那你们自己是怎么想的呢?想学吗?"孩子们马上回答道:"想啊,可是我不知道怎么穿"。

对话结束之后,我又开展了一次"小五班幼儿生活自理能力情况调查",以便于深入了解幼儿在家的真实情况以及家长们的真实想法,进一步了解孩子在家里穿衣服的情况是什么样的,爸爸妈妈们又有什么样的担心和顾虑。这样,通过和孩子们聊天、家长调查问卷等形式,我们对孩子不会穿衣的多种原因有了进一步具体的认知。幼儿不会穿脱衣服是在小班阶段普遍存在的一个问题,而从家长方面并不是不愿意让孩子们学穿衣服,而是更担心因为他们不熟练穿衣服的步骤而着凉导致感冒生病等结果,于是就剥夺了他们自我服务的机会。想要真正解决孩子们穿衣服的问题,一方面就是要转变家长们的想法,让他们给予孩子锻炼的机会;另一方面是要让孩子们学会正确穿衣方法,从根源上提高幼儿的自我服务能力。

于是,我将收集到的资料进行了归纳整理,罗列出了"困难清单",希望和孩子们一起解决穿衣问题。困难清单中列出了五点孩子们不会穿衣的原因:

(1)不懂正确的穿衣步骤

(2)衣服不认识前后、正反

(3)冬天衣服穿太多,不愿意动手

(4)穿衣服的速度慢

(5)过度依赖家长

"知己知彼,方能百战不殆",在已经清楚我们需要战胜的敌人的致命弱点后,接下来所要做的便是逐个击破。首先需要找几个班里的穿衣小达人向其他小朋友演示自己的穿衣技巧,"我妈妈教过我先伸进一个洞洞,再找另一个洞洞就好啦!""穿的时候要把衣领子搭在肩膀上了,就不会掉啦!"……这样做的效果还不错,但是也遇到了一些问题——无法保证孩子们的学习进度一致,有的孩子已经学会了,有的孩子孩子云里雾里研究着自己的衣服,有的甚至直接蹲在地上捧起小脑袋准备放弃了。为了让所有的孩子快速地掌握穿衣技巧,我特意找来了一首短小有趣的穿衣儿歌:

"抓领子,翻山洞,

小火车,钻山洞。

左钻钻，又钻钻，

唔气唔气钻出来。"

在儿歌的帮助下，愿意自己动手尝试的孩子逐日增加。就这样，在短短的几天内，班上所有的小朋友都学会了一边唱儿歌一边穿衣服。于是同样的方法也在穿裤子问题上如法炮制了一番。

"双手抓着小裤腰，

两列车，伸进去。

站起来，用力提。

两列车，出来啦！"

有温度的支持，要求老师的教育不能只停留在"教"，更要鼓励支持儿童独立自主地去学、去思考。正如孩子们在穿衣行动中克服重重困难，在老师的帮助下逐个学会了穿衣。

问题新生：正反难辨的困扰

在儿歌的帮助下，孩子们学穿衣服的热情一下子高涨起来，但是新的问题也随之而来，很多孩子在脱衣裤的时候，往往会把衣服和裤子的里外弄反，这也给起床后穿衣服设置了一道障碍。如何分清衣服的正面和反面呢？我把这个难题"丢给"了他们，"孩子们，你们知道如何区分衣服的正、反面吗？有什么东西可以提示你们吗？"一个孩子举手回答道："衣服反面和正面的颜色不一样，衣服的里面有商标，外面是没有的。"接着又有孩子补充道："带口袋的一般都是外套的正面。"孩子们发挥自己的观察力，发现了衣服的正面与反面的不同之处，而我则是把他们找到的这些不同之处拍好照片，以图片的形式展示在KT板上，更好地帮助他们辨别衣服的正反。

穿衣服的问题解决了，孩子们又带着新的问题找上了我。

"老师我的衣服太多了，我的床上都放不下了！"

"老师,我的脚都伸不直了!衣服压在身上,好难受啊!"……

在孩子们叽叽喳喳提出问题之际,我打断了他们:"那孩子们,冬天衣服多,床上放不下到底该怎么办呢?"心心说道:"可以挂在椅子上。"对于心心的想法大家都表示认可。不过,这个办法到底可不可行?我不急着得出结论,决定先和孩子们一起试一试,事实证明这个方法并没有解决孩子们所提出的问题,衣服还是乱糟糟地躺在床上。于是我又向孩子们询问是否有其他的解决办法。"我们可以把衣服叠整齐啊。"一个孩子小声道。他旁边的人听到,又说:"我们可以找老师教我们啊!"我笑了笑,欣慰地说当然可以。同时结合上次解决穿衣问题的经验,又找了一首儿歌帮助小朋友学会叠衣服。

"两边大门关起来,

两只小手抱一抱。

点点头,弯弯腰。

我的衣服叠好啦!"

短短几日,孩子们已经学会了在每次午睡前把自己的衣服叠好放在床尾。

由一次穿衣活动引发了孩子们围绕着"不会穿衣服"的问题,展开了思考,并敢于大胆设想与尝试。而在孩子们尝试的过程中,他们再一次产生了新的问题,面对新的问题,他们展现出了自己思考问题、解决问题的能力,他们这种执着的追求也正是探究精神的最好体现,也是他们逐步具有探究能力的最好体现。而作为每天陪伴他们时间最多的老师,我也意识到相较于"学会什么"而更加应该引导他们知道"如何学、怎样学",其实就是"授人以鱼不如授人以渔"的道理。

环境作为幼儿园的一种隐性课程,是课程实施的一个重要环节,同时也是培养孩子生活习惯与能力不可或缺的重要组成部分。在此次解决问题的过程中,我也关注到了环境的隐形作用,让环境在其中发挥了潜移默化的作用,利用角色游戏、个别化学习活动,给予孩子巩固穿衣服和整理衣物的机会,更好地促进幼儿良好的生活习惯的养成。

有温度的陪伴,致力于老师和儿童一起解决问题,从而实现儿童自主解决为主,老师帮助为辅的巧妙融合。正如在面对穿衣行动新生的问题下,老师没有直接选择告诉孩子们问题的解决方法,而是让孩子们自己试错后,在孩子们虚心求教之后提出解决问题的建议。

温暖辨识:发现不同的个性

从"孩子们午睡起床后不会穿衣服"这件小事出发,深入了解问题产生的原因,和孩子共同思考解决办法,将孩子们的设想付诸实践,并让其在自己的实际探究过程中探索出最相宜、最有效的方式。在这个过程中,不仅仅是孩子们提高了生活自理能力,获得了思考、尝试与调整的思辨能力,我也在整个过程中受益匪浅。

每个孩子都会在无形中将自己的个性带入日常生活中,同时这些个性也会于潜移默化中影响孩子们后期的学习方式。虽然孩子们的个性可以随着他们的成长和成熟而不断发展,但每个孩子的个人性格往往在婴儿期早期就会出现。因此,学前教育作为孩子个性成形的重要过渡期,更加需要在日常教学中重视这一点。

在解决穿衣问题和面对新问题产生的过程中,我更好更细致地观察到了每个孩子不同的个性。事实上在幼儿园的每个角落都可以随处可见不同个性的孩子,其中有经常精力充沛、参与度高的积极型孩子,也有"随波逐流"乐观自信的孩子,更不乏需要额外的时间来适应新环境或者新朋友,喜欢在一旁坐着观看而不是参与的慢热型孩子。没有一种个性比另一种更好或者更坏,个性也不是评判孩子的标签;相反,如果把这些不同的个性当作工具来更好地理解每个孩子,反而可以更好地助推孩子的成长。

有温度的辨识,要求老师不戴任何有色眼镜看待每一位孩子,同时要注重修养自身品性才能更加客观地辨识每一位孩子的个性,找到面对不同个性孩子的教育方式,从而使自己的教学更加有效率、有温度。

细察实践:展现有温度的教学

这次活动充分调动了老师、孩子、家长三方的积极性,让活动温馨且成功。那么如何把从穿衣这件小事中的收获,运用到日常的教学中来,让教学变得有温度,是一件值得思考的事。

第一,老师必须要明白冷冰冰模式化的教学模式不会调动孩子们积极性,反而会让孩子们埋下厌烦情绪的种子,只有有温度的教学才会让孩子们产生共鸣。而有温度的教学是需要孩子和老师共同参与创造的,老师在了解每个孩子不同的个性的同时,更应该熟知自己的个性,老师自身的个性是有温度教学的重要且不可或缺的来源,因为老师举手投足之间的性情会潜移默化地影响其教学风格。同时老师需要根据每个孩子不同的个性在适当的时候调整教学风格来适应他们的个性。

第二,在日常教学中注入灵魂和温度之后,就需要对孩子们因材施教。事实上,在前期老师了解不同孩子的个性的同时,因材施教就已经开始了。对于活泼积极的孩子,他们会很好地活跃教学氛围,只要老师在这个过程给予他们及时的回应和肯定,他们甚至在一定程度上可以帮助老师达到教学平衡。比如在这次穿衣活动中,老师通过不断地抛出问题,鼓励孩子们自主地想出解决办法并引导他们实践,这个过程中那些平日里活泼积极的孩子发挥了不小的作用。而对于一些慢热型的孩子,老师就需要专注于帮助他们找到属于自己的舒适的节奏;他们可能会自己慢慢地找到令自己舒适的方法,也可能需要指导和引领来帮助他们适应新的经验和活动,因此,需要时刻去感知这些慢热型孩子的感受,找到让他们参与的方式,但也不过度刺激他们或强迫他们参与。比如在这次解决穿衣问题的过程中,从起初老师询问问题,大多数孩子都踊跃地和老师交流参与,只有少数的慢热型孩子会在一旁默不作声地看着,似乎无法从"学习穿衣"这样新奇的活动中找到共鸣。那么这时候就可以选择坐在这些慢热型孩子周围,特意向他们询问,以此让他们慢慢参与到活动中来。同时,找几个与这些慢热型孩子相处得不错的小朋友,请他们帮助鼓励和照顾那些慢热型的孩子,这对孩子双方都是一种更好适应新活动的不错方式。

有温度的实践,是不格式化任何的教育理论,而是要在真实的实践中灵活运用,以孩子为中心点,在实践中不断地修正、创新,从而找到真正适合自己的有温度的教育方式。

静心领悟:成百花齐放之美

与集体相比,小群体可能会使慢热型孩子更能适应新任务。在集体中向孩子们描述所需要做的事——学习穿衣,然后在一个小环境中单独向慢热型孩子提供指导或选择,比如在学习穿衣这个活动里,让慢热型孩子帮助老师布置有关穿衣小技巧的环境墙面。由儿童主导的活动为儿童提供了选择,这些类型的活动对所有孩子的成长发展都格外有益,比如在学习穿衣的整个过程中老师只负责抛出问题,解决问题的方法和实施都交由孩子们,结果也表明所有的孩子都在这次活动中得到了全方位的发展。

同时,在此次活动中,老师对孩子提出的建议不提出质疑而是接纳他们的建议,让孩子们自己通过实践意识到他们的建议是否可行。同理心和认可度在很大程度上可以让孩子们感到舒适,当老师向孩子们展示尊重他们的意见和想法时,他们会更容易接受。这次学习穿衣活动的成功不单单是老师和孩子们的功劳,其中一部分需要归功于孩子们的家长,有了家长积极配合，调查问卷的填写才有了接下去问题的进一步解决。由此看来，与父母对话沟通可以更好地帮助老师和父母双方制定有效的策略，使孩子们从家庭到学校之间的过渡更容易。

让孩子们认识自己、成为自己是他们一生都会追寻的课题，而为了更好地引导孩子们成为自己，老师和家长将会是孩子们重要的引路人。老师在充当引路人这一至关重要的角色中，需要注意不在无意有意之间标签化任何一个孩子，耐心引导孩子而不束缚孩子，让孩子们逐渐成为自由而不失方向不远离集体的个体，静待百花齐放，花香四溢于满园的那一天。

正如蔡元培先生所言："知教育者，与其守成法，毋宁尚自然；与其求划一，毋宁展个性。"只要在日常生活中有温度地观察孩子，在学习中有温度地支持孩子，在成长中有温度地陪伴孩子，在培养中有温度地辨识孩子，在教育中有温度地实践理论，才会在未来成就更多的孩子，让孩子拥有漫漫学涯的一个良好开端。

参考文献：

[1] 陈娟.浅谈小班幼儿生活自理能力培养的有效策略[J].读与写(教育教学刊)，2018,15(11):195.

[2] 才让吉.浅析幼儿园区域活动中的环境创设策略[J].天天爱科学(教育前沿)，2022(02):23-24.

[3] 田慧丽.家园合力培养幼儿生活自理能力的有效策略分析[J].新课程,2021(27):227.

[4] 陈芳.一日活动中幼儿生活自理能力培养的实践策略探究[J].考试周刊,2021(02):157-158.

[5] 夏子悦.生活主题儿歌教育对小班幼儿生活自理能力影响的实验研究[D].沈阳:沈阳师范大学,2020.